출·제·빈·도·순

TOEIC 730점

돌파를 위한
영단어 847과
영숙어 602

지은이 TOMOYASU MIYANO

정진출판사

TOEIC(Test of English International Communication)은 말 그대로 영어를 통한 커뮤니케이션 능력을 측정하는 시험입니다. TOEIC은 세계 공통으로 실시되는 영어능력 인정시험으로 세계 최대의 규모를 자랑하는 교육연구기관 ETS가 개발·제작하여 세계 50여 개 나라에서 이미 250만 명 이상이 이 시험에 응시했습니다.

TOEIC은 영어의 종합적인 운용능력을 측정하는 잣대로서 대단히 신뢰성이 높다고 정평이 나 있습니다. 특히 많은 기업이 TOEIC을 도입하여 사내 영어연수는 물론, 신입사원의 영어능력 검정이나 해외주재, 사비(社費)유학을 판정하는 기준으로 활용하고 있습니다. 또한 날로 좁아지는 취업문을 두드리기 위해 TOEIC에서 높은 점수를 받으려는 대학생들이 급증하는 추세입니다.

한편 TOEIC은 Listening 100문제, Reading 100문제로 총 200문제로 구성되어 10~990점의 점수로 표시됩니다. 많은 기업들이 신입사원에게 요구하는 최소한의 TOEIC 점수는 500점 정도이지만, 이것으로는 영어를 사용해 해외에서 일을 하기에는 거의 불가능합니다. TOEIC에서는 730~860점을 레벨 B라고 하며, 여기에 속하는 사람은 '어떤 상황에서도 적절한 의사소통이 가능한 바탕이 준비되어 있다'라고 평가합니다. 해외근무를 목표로 하는 사람은 730점을 돌파해야 그 목적을 달성할 수 있습니다.

이 책 《TOEIC 730점 돌파를 위한 영단어 847과 영숙어 602》는 레벨 B 중에서도 특히 730점 이상을 받을 수 있도록 한 단어·숙어 교본입니다. 과거에 출제되었던 TOEIC 문제경향을 컴퓨터로 철저하게 분석하여 730점을 돌파하기 위해 필요한 영단어와 영숙어를 실었습니다. 실제로 TOEIC 문제 중에서 어휘와 관련된 문제가 출제되는 부분은 독해 부분의 Part 5 Incomplete Sentences 부분뿐입니다. 이 책에서는 이 Part뿐 아니라, TOEIC의 모든 영역의 문제를 푸는 열쇠가 되는 영단어와 영숙어를 추출하여 출제빈도와 중요도를 기본으로 3단계로 분류했습니다. 또한 이 책에는 730점을 목표로 하는 수험생이라면 누구나 알고 있을 법한 단어는 물론, 실제로 TOEIC 시험에 출제될 것 같지 않은 단어는 전혀 실지 않았습니다. 바로 이 점이 종래의 타 출판사가 펴낸 TOEIC 어휘 교본과 전혀 다른, 이 책만의 특징이라 할 수 있습니다.

또한 이 책에서는 영단어와 영숙어를 보다 효과적으로 익히기 위해 제시한 모든 단어(구)에 예문을 첨가했습니다. 이들은 모두 짧고 외우기 쉽고 실생활에서 직접 활용할 수 있는 문장으로만 구성되었습니다. 이렇게 살아 있는 영어가 실제 TOEIC 시험에서도 출제되므로 이 예문들도 반드시 기억해 두어야 합니다. 이 책이 TOEIC 730점 돌파를 목표로 하는 사람들에게 많은 도움이 되길 진심으로 바랍니다.

저자

차 례

과거 출제되었던 TOEIC의 출제 경향을 컴퓨터로 분석하여 TOEIC 730점을 돌파하기 위해 필요한 영단어와 영숙어를 출제 빈도와 중요도에 따라 3단계로 분류했습니다.

제1장 TOEIC 730점을 완전 돌파하기 위한 영단어

제2장 TOEIC 730점을 완전 돌파하기 위한 영숙어

◆ 일러두기

1. 각 단어 옆에 쓰여 있는 ⑲, ⑧ 등은 품사를 표시한다. 예를 들어 ⑲은 명사, ⑲은 형용사, ⑧은 동사, ⑭는 부사, ⑳은 전치사, ⑳은 접속사를 나타낸다.

2. ( ) 안에 있는 어휘는 생략 가능함을, [ ] 안에 있는 어휘는 앞에 나온 어휘와 바꿔 사용할 수 있음을 의미한다. ≪ ≫는 그 어휘와 연결되는 전치사를 나타낸다.

제1장

TOEIC 730점을 완전 돌파하기 위한 영단어

A 단계

730점 돌파를 위한 기초 영단어 287

001 **flat**
[flæt]

휑 단조로운, 균일한, 평평한

The coke went *flat* and didn't taste good.
이 콜라는 김이 빠져서 맛이 없었다.

002 **postage**
[póustidʒ]

휑 우편 요금

The *postage* for the letter was only 50$.
그 편지의 우편 요금은 단 50센트였다.

003 **tablet**
[tǽblit]

휑 (약) 정제, (나무, 돌 등의) 판

The cough medicine comes in *tablets*.
이 감기약은 알약으로 되어 있다.

004 **muddy**
[mʌ́di]

휑 더러운, 진흙의

I don't like swimming in a *muddy* lake.
나는 더러운 호수에서 수영하기 싫다.

005 **customs**
[kʌ́stəmz]

휑 세관

It took me only ten minutes to go through *customs*.
내가 세관을 통과하는 데는 10분도 걸리지 않았다.

006 **tornado**
[tɔːrnéidou]

휑 토네이도, 회오리바람

Tornados usually occur in the summer.
회오리바람은 보통 여름에 발생한다.

007 **sentence**
[séntəns]

휑 판결하다, 선고하다

The convict was *sentenced* to death.
그 죄수는 사형을 선고받았다.

008 accountant 　 명 회계사
[əkáuntənt]

Vince is well noted for being an outstanding *accountant*.
빈스는 뛰어난 회계사로 잘 알려져 있다.

009 checkup 　 명 건강 진단, 검사
[tʃékʌp]

It's time to go in for my dental *checkup*.
치과 검진을 받으러 가야 할 시기이다.

010 pastor 　 명 목사
[pǽstər]

The *pastor* preached fervently for about two hours.
그 목사는 약 2시간 동안 열심히 설교를 했다.

011 handsome 　 형 풍부한, 얼굴이 잘 생긴
[hǽnsəm]

He was delighted to have received such a *handsome* bonus.
그는 그렇게 많은 보너스를 받고 기뻤다.

012 soy sauce 　 명 간장
[sɔi sɔːs]

Soy sauce is often used in Asian cooking.
아시아 요리에는 간장이 자주 사용된다.

013 ample 　 형 넓은, 충분한
[ǽmpl]

There is *ample* parking space at the movie theater.
그 영화관에는 넓은 주차장이 있다.

014 luncheon 　 명 오찬 모임
[lʌ́ntʃən]

The women's *luncheon* is open to newcomers in particular.
여성들의 오찬 모임은 신입 회원을 위해 특별히 열리는 것이다.

015 refugee 圐 난민, 망명자
[rèfjudʒíː]

The relief supplies were not distributed to the *refugees*.
구조물자는 난민에게는 배급되지 않았다.

016 skyscraper 圐 초고층 빌딩, 마천루
[skáiskrèipər]

Chicago is full of *skyscrapers* and looks like a veritable canyon.
시카고는 초고층 빌딩이 가득 늘어서 있어, 진짜 협곡처럼 보인다.

017 trial 圐 판결
[tráiəl]

The *trial* seemed to be going in the totally wrong direction.
그 판결은 완전히 잘못된 방향으로 진행되는 듯했다.

018 qualified 圀 자격 있는, 적임의, 적격의
[kwáləfàid]

My daughter's ballet teacher is well *qualified*.
내 딸의 발레 선생님은 아주 자격이 있는 사람이다.

019 insurance 圐 보험(금)
[inʃú(ː)ərəns]

Do you have car *insurance*?
당신은 자동차 보험을 들었습니까?

020 livelihood 圐 생계, 삶
[láivlihùd]

My father earns a *livelihood* from accounting.
내 아버지는 경리 일을 해서 생계를 유지하신다.

021 accommodate 圂 수용하다, 조절하다, 적응하다
[əkámədèit]

This theater can *accommodate* as many as 4,000 people.
이 극장은 4000명이나 수용할 수 있다.

022 figure
[fígjər]

⑲ 가격, (숫자의) 자리

Brad's annual income has run into six *figures* for this year.
올해 브래드의 연봉은 6자리가(10만 달러 이상) 되었다.

023 ratio
[réiʃou]

⑲ 비, 비율

The *ratio* of boys to girls in the class is 2 to 1.
학급의 여학생에 대한 남학생 비율은 2대 1이다.

024 outlet
[áutlet]

⑲ (전기) 콘센트, 특약점

Don't forget to unplug the iron from the *outlet*.
다리미를 콘센트에서 빼는 일을 잊지 마라.

025 victim
[víktim]

⑲ 희생자

Nobody felt sorrow for the *victim*.
아무도 그 희생자를 가엾게 여기지 않았다.

026 allergic
[əlɔ́:rdʒik]

㉱ 알레르기성의 《to》

Roger is *allergic* to pollen.
로저는 꽃가루 알레르기가 있다.

027 corridor
[kɔ́(:)ridər]

⑲ 복도

The *corridor* was covered with thick carpeting.
그 복도는 두꺼운 카펫으로 덮혀 있다.

028 groom
[gru(:)m]

⑲ 신랑

The *groom* wore a black tuxedo.
그 신랑은 검은 턱시도를 입고 있었다.

9

029 curb
[kə:rb]

동 억제하다, 혼내다

Some people try to *curb* their appetite using diet pills.
어떤 사람들은 다이어트용 알약을 먹고 식욕을 억제하려는 사람도 있다.

030 overlook
[ðuvərlúk]

동 너그럽게 봐 주다, 못 본 체하다

I just can't *overlook* his rude behavior.
나는 그의 무례한 행동을 못 본 체 그냥 넘어갈 수 없다.

031 premature
[prì:mətjúər]

형 시기상조의, 조급한, 때 이른

It is *premature* to put the plan into practice now.
지금 그 계획을 실시하는 것은 시기상조이다.

032 fee
[fi:]

명 요금

There is no admission *fee* for children under five.
5세 미만의 아동은 입장료가 무료입니다.

033 certify
[sə́:rtəfài]

동 증명하다, 인증하다

Records *certify* that Bob passed his driving test.
기록에는 밥이 운전면허시험에 합격했음이 증명되어 있다.

034 minute
[mainjú:t]

형 미소한, 미세한

There was a *minute* difference between them.
그것들 사이에는 아주 미세한 차이가 있었다.

035 prairie
[pré(:)əri]

명 대초원, 목초지

Laura Ingalls grew up on the *prairie*.
로라 인걸스는 대초원에서 자랐다.

☑ 036 scenic　　　　　⑱ 전망이 좋은
[síːnik]

We went for a *scenic* drive as far as Lake Superior.
우리는 슈피리어 호까지 경치가 좋은 자동차 도로를 타고 드라이브했다.

☑ 037 limp　　　　　　⑧ 절뚝거리다
[limp]

The German Shepherd was *limping* down the street.
그 셰퍼드는 절뚝거리며 길을 걷고 있었다.

☑ 038 vertical　　　　　⑱ 수직의
[vɔ́ːrtikəl]

Strictly speaking, it was not a *vertical* line.
엄밀히 말하면 그것은 수직선이 아니었다.

☑ 039 dissolve　　　　⑧ 용해하다, 녹이다, 분해하다
[dizάlv]

Sugar will *dissolve* in a glass of water quickly.
설탕은 컵에 담긴 물 속에서 빨리 녹을 것이다.

☑ 040 humidity　　　　⑲ 습도
[hjuːmídəti]

This high *humidity* makes me feel tired.
높은 습도 때문에 지친 듯한 느낌이 들었다.

☑ 041 self-employed　　　⑱ 자영의
[sèlfimplɔ́id]

Mr. Johnson is *self-employed* and deals in repairing furniture.
존스 씨는 자영업으로 가구 수리를 한다.

☑ 042 grave　　　　　⑱ 위엄 있는, 엄숙한, 근엄한
[greiv]

The judge was *grave* and looked forbidding.
그 재판관은 근엄해서 무섭게 보였다.

11

043 couch potato
[kautʃ pətéitou]
명 게으르고 비활동적인 사람

A couch potato is something that I don't want to be.
나는 게으르고 움직이기 싫어하는 사람은 되고 싶지 않다.

---

044 detain
[ditéin]
동 못 가게 붙들다, 기다리게 하다

My boss *detained* me more than 30 minutes.
상사는 나를 30분 이상이나 기다리게 했다.

---

045 athletic meet
[æθlétik miːt]
명 운동회

Our *athletic meet* took place only three days ago.
우리의 운동회는 불과 3일 전에 열렸다.

---

046 ornament
[ɔ́ːrnəmənt]
명 장식품

The bedroom was laden with beautiful *ornaments*.
그 침실에는 아름다운 장식품이 가득 있었다.

---

047 flea market
[fliː máːrket]
명 벼룩 시장

Karen bought a lot of things at the *flea market*.
카렌은 벼룩 시장에서 많은 물건을 샀다.

---

048 horseradish
[hɔ́ːrsrædiʃ]
명 양 겨자, 양 고추냉이

Horseradish tastes good on roast beef sandwiches.
양 겨자를 로스트비프 샌드위치에 바르면 맛있다.

---

049 orchard
[ɔ́ːrtʃərd]
명 과수원

I delight in going to the apple *orchard* each fall.
나는 매년 가을마다 사과 과수원에 가는 것이 즐겁다.

12

050 recess   명 휴게, 휴정, 휴식
[risés]

The judge called for a *recess* of two hours.
재판장은 2시간 휴정을 선언했다.

051 tenant   명 (집, 토지 등의) 사용자, 거주자
[ténənt]

The previous *tenant* took excellent care of the apartment.
전 입주자는 아파트를 잘 관리했다.

052 acknowledge   동 인정하다, 동의하다, 승인하다
[əknálidʒ]

I *acknowledged* that I had acted in a wrong manner.
나는 내가 무례하게 행동했다는 사실을 인정했다.

053 congress   명 의회, 회의
[káŋgrəs]

Congress was in recess for the Christmas holidays.
의회는 크리스마스 휴가로 휴회했다.

054 reap   동 수확하다, 거둬들이다, 베다
[ri:p]

The farmer has *reaped* an abundant harvest this year.
그 농부는 올해 많은 수확을 거두었다.

055 undergo   동 만나다, 경험하다, 견디다
[ʌndərgóu]

Tim *underwent* many hardships when he was young.
팀은 젊었을 때, 많은 시련을 견뎠다.

056 area code   명 시외국번
[ɛ(:)əriə koud]

The *area code* for Pasadena, California is 818, isn't it?
캘리포니아 주에 있는 패서디나의 시외국번은 818번입니까?

13

057 vomit 图 내뱉다, 토하다
[vámit]

Overeating caused the boy to *vomit*.
그 소년은 너무 많이 먹어서 토하고 말았다.

058 repertoire 똉 연주 목록, 레퍼토리
[répərtwɑ̀ːr]

The pianist's *repertoire* contained a few easy pieces.
그 피아니스트의 연주 목록에는 간단한 곡이 2, 3편 들어가 있었다.

059 hazy 똉 흐린, 안개 낀, 확실하지 않은
[héizi]

Their vacation plans were *hazy* and were not thought out well.
그들의 휴가 일정이 불분명하여 좋은 계획이 생각나지 않았다.

060 overview 똉 개략, 관념
[óuvərvjùː]

The teachers gave an *overview* of their teaching plans.
선생님들은 학습 지도안의 개념을 설명했다.

061 ban 图 금지하다
[bæn]

Possession of handguns is strictly *banned* in Korea.
한국에서는 권총 소지는 엄격히 금지되어 있다.

062 junk food 똉 칼로리는 높으나 영양가가 낮은 인스턴트 식품
[dʒʌŋk fuːd]

Americans really enjoy eating *junk food*.
미국인은 인스턴트 식품을 대단히 좋아한다.

063 dairy 똉 유제품, 버터·치즈 제조장
[dé(ː)əri]

On the whole Debby likes *dairy* products.
데비는 대체로 유제품을 좋아한다.

14

064 scale ⑧ 비늘을 벗기다, 껍질을 벗기다
[skeil]

The men *scaled* the fish outside.
남자들은 밖에서 물고기의 비늘을 벗겼다.

065 stuff ⑧ 채우다, 음식을 잔뜩 먹이다
[stʌf]

The hungry boy *stuffed* himself with cookies
배고픈 소년은 과자로 배를 가득 채웠다.

066 floor ⑲ 발언권
[flɔːr]

Now I'd like to turn the *floor* over to Dr. Neu.
이제부터는 뉴 박사님의 말씀을 듣고 싶습니다.

067 bookkeeping ⑲ 부기
[búkkìːpiŋ]

I've started to do some personal *bookkeeping*.
나만의 장부를 쓰기 시작했다.

068 corrupt ⑲ 부정한, 타락한
[kərʌ́pt]

Corrupt practices seem rather rampant in Japanese politics.
일본의 정계에는 부정부패가 꽤 만연하고 있는 듯하다.

069 token ⑲ 표시, 증거
[tóukən]

As a *token* of appreciation, the secretary received a present.
그 비서는 감사의 표시로 선물을 받았다.

070 mate ⑲ 친구, 배우자
[meit]

Why not treat your *mate* with more kindness?
친구들에게 좀 더 친절하게 대하는 게 어때?

☑ 071 herbal
[hə́:rbəl]

웹 풀의, 약초의

Would you like *herbal* tea or English tea?
허브차로 하시겠습니까, 아니면 홍차로 하시겠습니까?

☑ 072 surgeon
[sə́:rdʒən]

웹 외과의

The *surgeon* wore a gown, a mask, and gloves.
그 외과의는 수술복을 입고, 마스크를 쓰고, 장갑을 착용하고 있었다.

☑ 073 accumulate
[əkjú:mjəlèit]

통 모으다, 축척하다

Carolyn has *accumulated* a sizable amount of money.
캐롤린은 꽤 많은 돈을 모았다.

☑ 074 bureaucracy
[bjuərákrəsi]

웹 관료주의

He used to argue about Korea's *bureaucracy*.
그는 이전부터 한국의 관료주의에 대해 자주 논하곤 했다.

☑ 075 species
[spí:ʃi:z]

웹 종, 종류

There are many endangered *species* on the earth.
지구에는 멸종 위기에 처한 동물이 많다.

☑ 076 imbalance
[imbǽləns]

웹 불균형, 불안정

The U.S. has a trade *imbalance* with Korea.
미국과 한국 사이에는 무역 불균형이 존재한다.

☑ 077 offhand
[ɔ́(:)fhǽnd]

위 즉석에서, 아무렇게나

Offhand Joe didn't remember where he left his wallet behind.
조는 어디에 지갑을 두고 왔는지 바로 기억해 내지 못 했다.

078 deadline
[dédlàin]

형 최종 기한, 마감

When is the *deadline* for submitting this manuscript?
이 원고의 제출 기한은 언제입니까?

079 bilateral
[bailǽtərəl]

형 양국 간의, 쌍방의

Their *bilateral* relations have been favorable.
양국의 관계는 원만히 유지되고 있다.

080 foam
[foum]

동 거품투성이가 되다

The shaving cream *foamed* all over his face.
면도 크림으로 그의 얼굴은 거품투성이가 되었다.

081 imaginary
[imǽdʒənèri]

형 가공의, 상상 속의

A dragon is an *imaginary* creature in China.
용은 중국에서 만들어 낸 가공의 동물이다.

082 addict
[ǽdikt]

명 중독자

Jim became a drug *addict* by the age 15.
짐은 15세 때, 이미 마약 중독자가 되어 있었다.

083 vaccination
[vǽksənéiʃən]

명 예방 주사, 종두

Many babies received their first *vaccinations* at the clinic.
대부분의 아기가 이 진료소에서 처음으로 예방 접종을 받았다.

084 worship
[wə́:rʃip]

동 예배하다, 숭배하다

They gather together at a small church to *worship* the Lord.
그들은 주를 찬미하기 위해 작은 교회에 모였다.

085 take-home
[téikhòum]
혱 집으로 가지고 가는, 수령하는

His *take-home* pay is about $7,000 a month.
그가 받는 월급은 약 7,000달러이다.

086 static
[stǽtik]
혱 정전기의, 정지된

The *static* electricity gave me a shock.
정전기가 찌릿 전해졌다.

087 flesh
[fleʃ]
몡 육체, 인간

We know our *flesh* is not perfect at all.
우리는 우리의 육체가 완벽하지 않다는 사실을 알고 있다.

088 complexion
[kəmplékʃən]
몡 안색, 외모

The model's *complexion* was light colored.
그 모델의 피부색은 밝았다.

089 salute
[səlúːt]
통 경례하다, 인사하다

The soldiers *saluted* their commander in chief.
군인들은 사령관에게 경례했다.

090 affordable
[əfɔ́ːrdəbl]
혱 줄 수 있는, 알맞은 가격

That new house is selling at an *affordable* price.
신축한 집은 적당한 가격으로 매매되고 있다.

091 physician
[fizíʃən]
혱 내과의

The *physician* has a very good reputation in town.
그 내과의는 동네에서 평판이 좋다.

092 nickel
[níkəl]
(명) 5센트짜리 동전

This candy costs only a *nickel*.
이 사탕은 겨우 5센트이다.

093 chat
[tʃæt]
(동) 담소하다, 잡담하다

The women *chatted* for six hours running.
그 여성들은 6시간 동안 쉬지 않고 담소를 나눴다.

094 scholarship
[skálərʃip]
(명) 장학금

Melissa received a *scholarship* for college.
멜리사는 대학에 가기 위해 장학금을 받았다.

095 germ
[dʒə:rm]
(명) 세균, 미생물

Washing your hands will prevent *germs* from spreading.
손을 씻으면 세균 번식을 예방할 수 있을 것이다.

096 agenda
[ədʒéndə]
(명) 의제, 의사 일정

There are a lot of items on the *agenda* for today's meeting.
오늘 회의에서는 많은 항목의 의제가 있다.

097 stoop
[stu:p]
(동) 웅크리다, 상체를 굽히다

The bum *stooped* over to pick up the coin.
그 방랑자는 동전을 줍기 위해 상체를 굽혔다.

098 stout
[staut]
(형) 뚱뚱한, 튼튼한

Santa Claus is a jolly, *stout* being.
산타클로스는 성격이 명랑하고 뚱뚱하다.

099　mainland　　　　　명 본토
[méinlæ̀nd]

Some Hawaiians have never been to the U.S. *mainland*.
하와이 사람 중에는 미국 본토에 가 본 적이 없는 사람도 있다.

100　remedy　　　　　명 요법, 치료약
[rémidi]

Chicken soup is a good *remedy* for the common cold in the U.S.
닭고기 수프는 미국에서 일반적인 감기를 치료하는 요법이다.

101　in-depth　　　　　형 면밀한, 상세한, 완전한, 철저한
[indépθ]

That school conducts *in-depth* interviews with each applicant.
그 학교는 입학 지원자 개개인에 대해 철저한 면담을 실시한다.

102　collision　　　　　명 충돌
[kəlíʒən]

There was a midair *collision* between the two airplanes.
하늘에서 비행기끼리 충돌이 일어났다.

103　scheme　　　　　명 음모, 계획
[ski:m]

What kind of *scheme* are they up to?
그들은 어떤 음모를 꾸미는 걸까?

104　freight　　　　　명 화물
[freit]

All sorts of *freight* were transported by ship.
모든 종류의 화물이 배로 수송되었다.

105　blast　　　　　명 폭발, 경적 소리, 돌풍
[blæst]

The locomotive gave a loud *blast*.
그 기관차는 경적을 울렸다.

106 ingredient 몡 재료, 성분
[ingríːdiənt]

Chocolate chips are a good *ingredient* to put into cookies.
초콜릿 칩은 쿠키에 넣는 가장 적합한 재료다.

107 snore 통 코를 골다
[snɔːr]

He doesn't know how much his *snoring* bothers others.
그는 자신이 코 고는 소리가 다른 사람을 얼마나 괴롭히는지 모른다.

108 tremble 통 두려워하다, 벌벌 떨다
[trémbl]

The scared child was *trembling*.
겁에 질린 아이가 벌벌 떨고 있었다.

109 forehead 몡 이마
[fɔ́(ː)rhed]

Alex has several big pimples on his *forehead*.
알렉스의 이마에는 큰 여드름이 여러 개 있다.

110 allowance 몡 비용, 용돈 ≪for≫
[əláuəns]

I still need another $2,000 for my traveling *allowance*.
나는 여행 경비로 2,000달러가 더 필요하다.

111 bulletin 몡 게시, 회보
[búlitən]

Prof. Dunkel's absence was announced on the *bulletin* board.
던켈 교수의 휴강을 알리는 글이 게시판에 붙어 있었다.

112 manuscript 몡 원고
[mǽnjəskrìpt]

When did they say is the *manuscript* due?
그들은 그 원고의 마감일을 언제라고 했습니까?

113 invariably
[invέ(:)əriəbli]

㈜ 변함없이, 언제나

Rachel *invariably* rises early in the morning.
레이첼은 언제나 아침 일찍 일어난다.

114 budget
[bʌ́dʒit]

㈐ 예산, 경비

This trip plan might go over our *budget*.
이 여행 계획은 우리 예산을 초과할지도 모른다.

115 enroll
[inróul]

㈌ 등록하다, 입학시키다

John will be *enrolled* in kindergarten next year.
존은 내년에 유치원에 들어간다.

116 scrub
[skrʌb]

㈌ 북북 문지르다, 비벼 빨다

I would like some help *scrubbing* the bathroom walls.
욕실 벽을 닦는 데 누군가의 도움이 필요하다.

117 copper
[kápər]

㈗ 동으로 만든

Elva has not less than ten *copper* kettles.
엘바는 동으로 만든 주전자를 10개나 갖고 있다.

118 indebted
[indétid]

㈗ 부채가 있는, 신세 진

Sarah was *indebted* $5,000 to the loan sharks.
사라는 고리대금업자에게 5,000달러의 부채가 있다.

119 alumni
[əlʌ́mnai]

㈐ 졸업생

The reputation of a college depends on the image of its *alumni*.
대학에 대한 평가는 그 대학의 졸업생이 주는 인상에 달려 있다.

120 sensible 휑 현명한, 분별이 있는
[sénsəbl]

Kristi is a *sensible* woman.
크리스티는 현명한 여성이다.

121 telephone directory 명 전화번호부
[téləfòun diréktəri]

Rita's number is in the *telephone directory*.
리타의 전화번호는 그 전화번호부에 실려 있다.

122 shade 명 그늘
[ʃeid]

Sitting in the *shade* always cools me off.
그늘에 앉으면 언제나 시원함을 느낀다.

123 palm 명 손바닥
[pɑːm]

The *palm* of his hand was cut when he fell down.
그는 넘어졌을 때 손바닥을 다쳤다.

124 grim 휑 엄격한, 잔인한, 냉혹한
[grim]

After he lost his job, things seemed pretty *grim*.
그가 직장을 잃은 후부터 현실이 냉혹하게 보였다.

125 answering machine 명 자동응답 전화기
[ǽnsəriŋ məʃìːn]

You can leave your message on my *answering machine*.
내 자동응답 전화기에 메시지를 남겨 두면 돼.

126 damp 휑 습한, 축축한
[dæmp]

Summers here are *damp* and hot.
이 곳의 여름은 습기가 많고 덥다.

23

127 session 명 학기, 수업, 개강
[séʃən]

The summer *session* will start on June 1st.
여름 학기 수업은 6월 1일부터 시작된다.

128 dare 동 감히 ~하다, 과감히 ~하다
[dɛər]

Bill *dared* to do dangerous stunts.
빌은 과감하게 위험한 스턴트를 했다.

129 warehouse 명 창고
[wɛ́ərhàus]

The *warehouse* held thousands of chairs.
그 창고에는 몇천 개나 되는 의자가 들어 있었다.

130 garment 명 옷, 의류
[gáːrmənt]

The woman touched the hem of his *garment* on purpose.
그녀는 고의로 그의 옷깃을 건드렸다.

131 appliance 명 전기 기구, 장치
[əpláiəns]

A dishwasher is a timesaving *appliance*.
식기 세척기는 시간을 절약할 수 있는 가전 제품이다.

132 stitch 동 꿰매다, 감치다
[stitʃ]

The seamstress was no doubt skilled at *stitching* anything.
그 재봉사는 분명 훌륭한 바느질 솜씨를 갖고 있었다.

133 infection 명 감염, 전염
[infékʃən]

The poor toddler got an *infection* in his finger.
가엾게도 그 아이는 손가락이 감염되었다.

134 pedestrian
[pədéstriən]
명 보행자

Pedestrians should not jaywalk.
보행자는 신호를 무시하고 도로를 횡단해서는 안 된다.

135 approximately
[əpráksəmitli]
부 약, 대략

It is *approximately* 30 miles from here to Chapel Hill.
여기에서 채플 힐까지는 약 30마일이다.

136 odor
[óudər]
명 냄새

The bathroom had an extremely foul *odor*.
그 화장실에서 몹시 불쾌한 냄새가 났다.

137 firsthand
[fə́:rsthǽnd]
부 직접, 바로

I heard the news *firsthand* from Kathy.
난 그 소식을 캐시에서 직접 들었다.

138 cupboard
[kʌ́bərd]
명 찬장

The *cupboard* was made of wood and glass.
그 찬장은 나무와 유리로 만들어졌다.

139 assault
[əsɔ́:lt]
동 공격하다, 비난하다

The man *assaulted* the attorney with the intent to kill him.
그 남자는 변호사에게 살의를 갖고 공격했다.

140 generate
[dʒénərèit]
동 발생시키다, 생기게 하다

The scientist *generated* great ideas in his laboratory.
그 과학자는 자신의 실험실에서 좋은 생각을 해냈다.

141 shrewd

[ʃruːd]

혱 계리한, 영리한, 빈틈없는

He is said to be a *shrewd* politician.
그는 영리한 정치가로 알려져 있다.

142 glitter

[glítər]

동 반짝이다, 반짝반짝 빛나다

All that *glitters* is not gold.
반짝이는 것이 모두 금은 아니다.

143 protein

[próutiːn]

명 단백질

He takes a *protein* supplement every day.
그는 단백질 보충 식품을 매일 섭취한다.

144 deposit

[dipázit]

동 맡기다, 예금하다

The clerk *deposited* the money into the safe.
그 점원은 돈을 금고 안에 보관했다.

145 stroke

[strouk]

명 뇌졸중

Mr. Lindbergh suffered a *stroke* and died.
린드버그 씨는 뇌졸중으로 세상을 떠났다.

146 grant

[grænt]

동 인정하다, 수여하다

The generous teacher *granted* my request.
그 관대한 선생님은 내 요구를 들어 주었다.

147 autonomy

[ɔːtánəmi]

명 자치(권)

The controversy over the Palestinian *autonomy* is complicated.
팔레스타인의 자치 문제를 둘러싼 논쟁은 복잡하다.

☑ 148 inhabitant 명 주민
[inhǽbitənt]

The *inhabitant* of the cheap apartment was a real slob.
싼 아파트에 사는 그 주민은 정말 지저분했다.

☑ 149 colleague 명 동료
[káliːg]

I'm greatly blessed with nice *colleagues*.
정말 좋은 동료들을 두어서 행운이라고 생각한다.

☑ 150 sphere 명 영역, 구체, 구형
[sfiər]

The student enlarged his *sphere* of interest.
그 학생은 자신이 관심 있는 영역을 넓혔다.

☑ 151 audit 통 회계를 감사하다, 청강하다
[ɔ́ːdit]

The firm was *audited* by the Internal Revenue Service.
그 회사는 미국 국세청의 회계 감사를 받았다.

☑ 152 disposition 명 성질, 기질, 성격
[dispəzíʃən]

Ann is of a cheerful *disposition*.
앤은 활발한 성격이다.

☑ 153 thigh 명 대퇴부, 허벅지
[θai]

The runner bruised his *thigh*.
그 주자는 대퇴부에 상처를 입었다.

☑ 154 halfway 형 불완전한, 불충분한, 어중간한
[hǽfwéi]

Halfway measures shouldn't be taken for its solution.
불완전한 해결책을 취해서는 안 된다.

155 barren 형 불모의, 불임의

[bǽrən]

We can't expect to grow anything on such *barren* land.
이런 불모의 땅에서 어떤 작물을 심을 수 있으리라고 기대하지 않는다.

156 sneeze 동 재채기하다

[sni:z]

When I *sneezed*, Mary said, "Bless you."
내가 재채기를 하자 메리는 "신의 가호가 있기를"이라고 말했다.

157 stockholder 명 주주

[stάkhòuldər]

The *stockholders'* meeting is to be held next week.
주주총회는 다음 주에 열릴 예정이다.

158 hemisphere 명 반구

[hémisfìər]

I've never been to any country in the Southern *Hemisphere*.
남반구에 있는 나라에는 한 번도 가 본 적이 없다.

159 investment 명 투자

[invéstmənt]

The young couple decided to make an *investment* overseas.
그 젊은 부부는 해외 투자를 하기로 결정했다.

160 auditorium 명 강당

[ɔ̀:ditɔ́:riəm]

The new *auditorium* can seat about 1,000 people.
이 새 강당에는 약 1,000명이 앉을 수 있다.

161 blaze 명 불꽃, 화염

[bleiz]

The *blaze* devoured the entire building.
불꽃은 건물 전체를 태웠다.

☑ 162 itchy   휑 가려운
[ítʃi]

Billy complains of having *itchy* places on his legs.
빌리는 다리가 가렵다고 호소한다.

☑ 163 layoff   명 (일시적) 해고, 강제 휴업
[léiɔ(ː)f]

There were many *layoffs* at IBM several years ago.
몇 년 전에 IBM에서는 대대적으로 해고를 감행했다.

☑ 164 masterpiece   명 걸작, 명작
[mǽstərpìːs]

The composer created a new *masterpiece*.
그 작곡가는 새로운 명곡을 만들었다.

☑ 165 virus   명 바이러스, 병원체
[váiərəs]

A *virus* was going around at the kindergarten.
바이러스는 유치원에 퍼져 있었다.

☑ 166 livestock   명 가축
[láivstàk]

The farm had about 500 head of *livestock*.
그 농장에는 가축이 약 500마리 있었다.

☑ 167 detergent   명 세제
[ditə́ːrdʒənt]

This *detergent* works well for washing the clothes.
이 세제는 의류를 세탁하는 데 효과적이다.

☑ 168 gulf   명 만(灣), 깊은 금(틈)
[gʌlf]

The *Gulf* War was broadcast live around the world via satellite.
걸프전은 위성을 통해 전세계로 생중계되었다.

169 handout ⊛ 인쇄물
[hǽndàut]

The professor passed out *handouts* at the end of the class.
그 교수는 강의가 끝날 무렵 인쇄물을 배포했다.

170 bill ⊛ 지폐, 영수증, 법안
[bil]

Have you ever seen a $1,000 *bill*?
천 달러짜리 지폐를 본 적이 있습니까?

171 shudder ⊛ 벌벌 떨다
[ʃʌ́dər]

The mother *shuddered* at the thought of her child's death.
그 어머니는 아이가 죽는다는 생각을 하고는 온몸을 벌벌 떨었다.

172 loaf ⊛ 빈둥거리며 지내다, 놀며 보내다
[louf]

Paul *loafed* around all day today.
폴은 오늘 하루 종일 빈둥거리며 지냈다.

173 blunt ⊛ 무딘, 퉁명스러운, 무뚝뚝한
[blʌnt]

Margaret is a *blunt* speaker.
마가렛은 퉁명스러운 말투를 가졌다.

174 nuisance ⊛ 폐, 성가심, 귀찮음
[njúːsəns]

It is a *nuisance* having to pull weeds.
잡초를 뽑는 일은 귀찮다.

175 prescribe ⊛ (약을) 처방하다
[priskráib]

The doctor *prescribed* some medicine to the boy.
그 의사는 소년에게 약을 처방했다.

◢ 176 blister   몡 물집, 수포
[blístər]

I found several *blisters* on my left arm the next day.
다음 날, 나는 왼쪽 팔에 여러 개의 물집이 생겼음을 알았다.

◢ 177 solely   뿐 혼자서, 오로지
[sóulli]

I jog *solely* for the fun of it.
나는 달리는 재미로 혼자서 조깅을 한다.

◢ 178 kidnap   툉 유괴하다, 납치하다
[kídnæp]

They failed to *kidnap* the billionaire's daughter.
그들은 억만장자의 딸을 유괴하는 데 실패했다.

◢ 179 staircase   몡 계단
[stέərkèis]

The spiral *staircase* leads up to the balcony.
그 나선형 계단은 발코니까지 이어져 있다.

◢ 180 patch   몡 덧대는 헝겊 조각
[pætʃ]

There were *patches* on his old jeans.
그의 낡은 청바지는 헝겊 조각으로 덧대어져 있었다.

◢ 181 board   몡 위원회
[bɔːrd]

Mr. Jones is working for the *board* of education.
존스 씨는 교육위원회에서 일한다.

◢ 182 peninsula   몡 반도
[pənínsələ]

The State of Michigan has a *peninsula* on its northern edge.
미시건 주의 북쪽에는 반도가 있다.

☑ 183 recipe 　　　　　(명) 조리법
[résəpì:]

My *recipe* for pumpkin pie is s secret.
내 호박 파이의 조리법은 비밀이다.

☑ 184 collapse 　　　　(동) 무너지다, 실패하다
[kəlǽps]

Many buildings *collapsed* because of the earthquake.
지진으로 많은 건물이 붕괴되었다.

☑ 185 densely 　　　　　(부) 밀집하여
[dénsli]

This area is *densely* populated.
이 지역에는 인구가 밀집되어 있다.

☑ 186 tease 　　　　　　(동) 괴롭히다, 놀리다, 조르다
[ti:z]

Patrick *teased* me about my freckles.
패트릭은 내 주근깨를 보고 놀렸다.

☑ 187 boost 　　　　　　(동) 밀어 올리다, 후원하다, 돋우다
[bu:st]

He was successful in *boosting* the morale of the students.
그는 학생들의 사기를 돋우는 데 성공했다.

☑ 188 tuition 　　　　　(명) 수업료
[tʃuːíʃən]

The *tuition* for the college comes to about $15,000
그 대학의 수업료는 약 15,000달러에 이른다.

☑ 189 brunch 　　　　　(명) 아침 겸 점심
[brʌntʃ]

Since I got up late this morning, I just had *brunch*.
아침에 늦게 일어났기 때문에 아침 겸 점심을 먹었다.

▨ 190 hollow   ⑱ 속이 빈, 오목한
[hálou]

The inside of the tree was almost *hollow*.
그 나무의 속은 거의 텅 비어 있었다.

▨ 191 spicy   ⑱ 양념을 넣은, 짜릿한, 통쾌한
[spáisi]

Is *spicy* pizza to your liking?
양념 맛 피자를 좋아하세요?

▨ 192 parallel   ⑱ 평행의
[pǽrəlèl]

Some people dread *parallel* parking.
평행으로 주차하는 것을 싫어하는 사람도 있다.

▨ 193 coverage   ⑱ 보도, 방송, 취재 범위
[kʌ́vəridʒ]

The incident got too much media *coverage*.
그 사건은 지나칠 정도로 대대적으로 방송 매체를 통해 보도되었다.

▨ 194 diagnosis   ⑲ 진단
[dàiəgnóusis]

It was proved that the doctor's *diagnosis* was faulty.
그 의사의 진단이 틀렸음이 증명되었다.

▨ 195 brochure   ⑲ 소책자, 팸플릿
[bróuʃuər]

This *brochure* explains how to apply to American universities.
이 팸플릿에는 미국에 있는 대학에 입학하는 방법이 설명되어 있다.

▨ 196 inflexible   ⑱ 유연성이 없는, 딱딱한
[infléksəbl]

He was very *inflexible* and couldn't be persuaded.
그는 매우 완고했기 때문에 설득할 수 없었다.

197 cab
[kæb]
명 택시

We took a *cab* to City Hall.
우리는 시청까지 택시로 갔다.

198 lap
[læp]
명 무릎

Children always like to sit on someone's *lap*.
아이들은 항상 누군가의 무릎에 앉기를 좋아한다.

199 candidate
[kǽndidèit]
명 입후보자

Larry will be a *candidate* in the next election.
래리는 다음 선거에 입후보할 것이다.

200 squeeze
[skwi:z]
동 억지로 내게 하다, 압박하다

Can you *squeeze* some time in to write me a letter?
어떻게든 시간을 내서 나에게 편지를 써 줄 수 있겠니?

201 wither
[wíðər]
동 시들다, 말라빠지다

The flowers *withered* due to the lack of rain.
가뭄 때문에 꽃들이 시들어 버렸다.

202 vocation
[voukéiʃən]
명 직업, 사명

What kind of *vocation* do you think is wise to pursue?
당신은 어떤 직업을 갖는 게 현명하다고 생각하세요?

203 calf
[kæf]
명 장딴지, 종아리

After the long walk, I started to feel some pain in my *calves*.
오랫동안 걸었더니 양쪽 종아리가 아팠다.

◢ 204 striking　　　　　혱 눈에 띄는, 현저한
[stráikiŋ]

Shirley's raincoat was a *striking* purple.
셜리의 비옷은 눈에 잘 띄는 보라색이었다.

◢ 205 pastime　　　　　혱 오락, 기분 전환, 취미
[pǽstàim]

Golf is Henry's favorite *pastime*.
골프는 헨리가 가장 좋아하는 취미이다.

◢ 206 campaign　　　　　혱 운동, 경쟁
[kæmpéin]

Ed has been very busy with the election *campaign*.
에드는 선거 운동 때문에 대단히 바쁘다.

◢ 207 statement　　　　　혱 성명, 진술
[stéitmənt]

The spokesman made an official *statement* on the issue.
대변인은 그 문제에 관한 공식적인 성명을 발표했다.

◢ 208 cargo　　　　　혱 화물
[káːrgou]

That train transports *cargo* only.
저 열차는 화물만 운송한다.

◢ 209 landlord　　　　　혱 집주인, 땅주인
[lǽndlɔ̀ːrd]

The *landlord* was very irresponsible and wouldn't fix anything.
그 집주인은 대단히 무책임해서 어떤 것도 수리해 주려고 하지 않았다.

◢ 210 cell　　　　　혱 독방, 세포
[sel]

The *cell* which Nate was put into was small and cold.
네이트가 들어간 독방은 작고 추웠다.

211 steering wheel 명 (자동차의) 핸들
[stíəriŋ hwiːl]

The *steering wheel* is made of wood.
그 핸들은 나무로 만들어졌다.

212 expedition 명 탐사대, 원정
[èkspidíʃən]

Louis and Clark led an *expedition* through the mountains.
루이스와 클라크는 산 속에서 선두에 서서 탐사대를 이끌었다.

213 durable 형 오래 견디는, 항구적인, 튼튼한
[djúərəbl]

These boots are very *durable* and popular.
이 부츠는 대단히 튼튼해서 인기가 있다.

214 edible 형 식용의
[édəbl]

Is that an *edible* kind of mushroom?
그 버섯은 먹어도 괜찮습니까?

215 decent 형 훌륭한, 의젓한
[díːsənt]

Newsweek is a *decent* weekly magazine.
뉴스위크는 훌륭한 주간지이다.

216 nasty 형 불쾌한, 더러운, 추잡한
[næsti]

I ignored Andy when he told the *nasty* joke.
난 앤디의 불쾌한 농담을 무시했다.

217 mutter 동 중얼거리다, 불평을 말하다
[mʌtər]

Muttering doesn't make things any better.
불평을 한다고 해서 사태가 좋아지지는 않는다.

◢ 218 ceiling 명 최고 한도, 한계
[síːliŋ]

The U.S. imposed a *ceiling* on imports of Japanese cars.
미국은 일본 자동차 수입에 최고 한도를 설정했다.

◢ 219 stink 동 악취를 풍기다
[stiŋk]

Nothing can *stink* as bad as the smell from that factory.
저 공장에서 나오는 악취보다 더 역겨운 냄새는 없을 것이다.

◢ 220 provided 전 만일 ~이라면
[prəváidid]

I will go *provided* that my father gives me permission.
아버지가 허락하신다면 가겠습니다.

◢ 221 sue 동 고소하다, 소송을 제기하다
[sjuː]

I think it was unnecessary for Bill to *sue* them.
난 빌이 그들을 고소할 필요는 없었다고 생각한다.

◢ 222 wrinkle 명 주름
[ríŋkl]

I need someone to iron out the *wrinkles* in my shirt.
난 누군가에게 내 셔츠에 난 주름을 다림질해 달라고 부탁해야 한다.

◢ 223 fireplace 명 난로
[fáiərpléis]

We are going to have a *fireplace* in the living room.
우리는 거실에 난로를 만들 계획이다.

◢ 224 dismiss 동 퇴거시키다, 해고하다
[dismís]

Because of the scandal, he was suddenly *dismissed*.
그 추문으로 인해 그는 갑자기 해고되었다.

225 tedious
[tíːdiəs]

휑 지겨운, 지루한

The orator's speech was a *tedious* one to listen to.
그 연설자의 연설은 지루하게 들렸다.

226 lull
[lʌl]

명 일시적인 고요, (병의) 소강

There was a *lull* after the storm.
폭풍이 지나간 후에는 조용했다.

227 fare
[fɛər]

휑 운임, 요금, 통행료

My taxi *fare* was over $70 to get there.
택시로 그 곳까지 가는 데 70달러 이상 들었다.

228 ultimate
[ʌ́ltəmit]

휑 궁극의, 최종의

What is your *ultimate* goal in life?
당신 인생에서 궁극적인 목표는 무엇입니까?

229 nevertheless
[nèvərðəlés]

쩝 그럼에도, 그렇지만, 역시

Perry woke up late. *Nevertheless*, he made it to school on time.
페리는 늦게 일어났다. 그럼에도 학교에 시간에 맞춰 도착했다.

230 debut
[deibjúː]

명 데뷔, 첫 등장

It was back in 1975 that the singer made her *debut*.
그 여가수는 1975년에 데뷔했다.

231 cellular phone
[séljələr foun]

명 휴대 전화

The price of *cellular phone* has been on the decrease.
휴대 전화의 가격이 내려가고 있다.

232 **lunar** 〈형〉 달의
[lúːnər]

The *lunar* eclipse will take place tomorrow.
내일은 월식이 일어날 것이다.

233 **clerical** 〈형〉 사무(원)의
[klérikəl]

I'm not really satisfied with my *clerical* work.
나는 사무직 업무에 그다지 만족하지 못한다.

234 **pay phone** 〈형〉 공중전화
[pei foun]

Is there a *pay phone* nearby?
이 근처에 공중전화가 있습니까?

235 **lumber** 〈형〉 제재, 목재
[lʌ́mbər]

A lot of quality *lumber* comes from these beautiful pine trees.
이 아름다운 소나무들에서 많은 양의 양질의 목재가 나온다.

236 **mill** 〈형〉 제분소, 제작소
[mil]

The flour *mill* is no longer in business.
그 제분소는 더 이상 조업하지 않는다.

237 **dormitory** 〈형〉 기숙사
[dɔ́ːrmitɔ̀ːri]

While in college, I lived in a *dormitory* called Craige Hall.
나는 학생 때, 크레이그 홀이라는 기숙사에서 지냈다.

238 **earnest** 〈형〉 진지한, 열심인, 열렬한
[ə́ːrnest]

Tom is always *earnest* about his work.
톰은 언제나 일에 열심이다.

239 clue 명 단서, 실마리
[klu:]

The detective was desperately searching for *clues*.
탐정은 필사적으로 단서를 찾고 있었다.

240 mercury 명 수은, 기압계, 온도계
[mə́:rkjəri]

The *mercury* registered 15°C this morning.
온도계는 오늘 아침에 섭씨 15도를 가리키고 있었다.

241 coffin 명 관
[kɔ́(:)fin]

The *coffin* was carried by six men.
그 관은 남자 6명에 의해 운반되었다.

242 unfold 동 펴다, 펼치다, 표명하다
[ʌnfóuld]

I told him not to *unfold* the document.
나는 그에게 그 문서를 펴지 말라고 말했다.

243 mortality 명 죽음, 사망률
[mɔːrtǽləti]

The infant *mortality* rate has been decreasing in the country.
그 나라에서는 유아 사망률이 감소하고 있다.

244 update 동 최신 정보를 주다, 갱신하다
[ʌ̀pdéit]

This magazine will *update* you on the NBA players.
이 잡지를 읽으면 NBA 선수에 관한 최신 정보를 알 수 있다.

245 patriotic 형 애국심이 강한
[pèitriátic]

Patriotic people like to hang out the national flag.
애국심이 강한 사람들은 국기를 집 밖에 걸어 두기를 좋아한다.

246 vision 영 시력, 시각
[víʒən]

I still have 20/20 *vision* at this age.
난 지금 나이에도 정상적인 시력을 갖고 있다.

247 complimentary 형 무료의, 칭찬하는
[kàmpləméntəri]

The airline served *complimentary* peanuts.
그 항공회사는 무료로 땅콩을 주었다.

248 wanting 형 부족한, 결핍인, 미달인
[wántiŋ]

Some workers here are *wanting* in industry.
이 곳에서 일하는 종업원 중에는 근면성이 부족한 사람도 있다.

249 confine 동 한정하다, 제한하다, 가두다
[kənfáin]

This kind of problem is not *confined* only to the poor.
이런 문제는 가난한 사람들만의 것은 아니다.

250 pulse 명 맥박
[pʌls]

After jogging for a while, my *pulse* quickened.
잠시 조깅을 한 후에 맥박이 빨라졌다.

251 exclusively 부 오로지, 오직, 독점적으로
[iksklú:sivli]

This rest room is *exclusively* for men.
이 화장실은 남성 전용이다.

252 confidential 형 비밀의
[kànfidénʃəl]

This matter is strictly *confidential*.
이 사안은 극비이다.

253 weary ⓗ 피곤한, 지친
[wí(:)əri]

Everyone becomes *weary* at times.
누구나 가끔은 지친다.

254 photocopy ⓜ 복사
[fóutəkàpi]

I made a *photocopy* of the address list.
나는 그 주소록을 복사했다.

255 contagious ⓗ 전염(성)의
[kəntéidʒəs]

Rumor has it that the disease is highly *contagious*.
소문에 따르면 그 병은 대단히 전염성이 빠르다고 한다.

256 plow ⓥ (밭을) 갈다, 경작하다
[plau]

The farmer *plowed* the fields.
농부는 쟁기로 밭을 갈았다.

257 context ⓜ 문맥
[kántekst]

I understood the meaning of the word by its *context*.
나는 문맥 안에서 그 단어의 의미를 이해할 수 있었다.

258 wholesale ⓗ 대량 판매의, 도매의, 대규모의
[hóulsèil]

Marilyn bought it at the *wholesale* price.
메릴린은 그것을 도매가로 구입했다.

259 ragged ⓗ 찢어진, 해어진, 남루한
[rǽgid]

The orphans had no clothes but *ragged* ones.
고아들은 누더기 옷 외에 다른 옷은 하나도 없었다.

260 contaminate ⑧ 더럽히다, 오염시키다
[kəntǽmənèit]

The city was *contaminated* by radioactivity.
그 도시는 방사능으로 오염되었다.

261 plot ⑲ 줄거리, 음모
[plɑt]

The *plot* thickens as the story goes on.
이야기가 진행됨에 따라 줄거리가 한층 흥미진진해진다.

262 widow ⑲ 미망인
[wídou]

There seem to be by far more *widows* than widowers.
홀아비보다 미망인이 훨씬 많은 듯하다.

263 plural ⑳ 복수의
[plú(ː)ərəl]

Sometimes *plural* spellings are tricky.
때로는 복수형 철자가 어려울 경우가 있다.

264 crude ⑳ 천연 그대로의
[kruːd]

Most of the *crude* oil comes from the Middle East.
대부분의 석유는 중동에서 들여온다.

265 ray ⑲ 광선
[rei]

X-*rays* give off radiation.
엑스레이는 방사능을 방출한다.

266 cult ⑲ 숭배, 동경, 이단
[kʌlt]

He was found out to be a leader of the *cult*.
그는 그 이상한 종교 단체의 지도자로 밝혀졌다.

267 worthwhile ⓗ 가치 있는
[wə́:rθhwáil]

Do you think it's a *worthwhile* book?
당신은 이 책이 읽을 만한 가치가 있다고 생각합니까?

268 brim ⓜ 가장자리, 언저리, 테두리
[brim]

The waitress poured coffee to the *brim* of my cup.
그 웨이트리스는 내 컵에 넘칠 정도로 가득 커피를 부었다.

269 comely ⓗ 얼굴이 잘생긴, 미모의
[kʌ́mli]

All I remember about her is that she was *comely*.
내가 그녀에 관해 기억하고 있는 부분은 그녀의 미모뿐이다.

270 boarding gate ⓜ 탑승구
[bɔ́:rdiŋ geit]

I went to the *boarding gate* with Barbara to see her off.
나는 바바라를 배웅하기 위해 탑승구까지 그녀와 함께 갔다.

271 jet-lag ⓜ 시차로 인한 피로
[dʒetlæg]

Despite my 12-hour flight, I had no *jet-lag*.
12시간이나 비행기를 탔는데도 난 시차로 인한 피로를 전혀 느끼지 않았다.

272 crash ⓥ 추락하다, 충돌하다
[kræʃ]

The airplane *crashed* into a jungle.
그 비행기는 정글로 추락했다.

273 ranch ⓜ 목장
[ræntʃ]

Jenny's sister wants to live on a *ranch*.
제니의 언니는 목장에 살고 싶어한다.

274 windshield 圈 (자동차 등의) 앞 유리
[wíndʃìːld]

The *windshield* was covered with many dead bugs.
그 차의 앞 유리에는 죽은 벌레가 잔뜩 붙어 있었다.

275 mingle 圄 혼합하다, 교제하다, 어울리다
[míŋgl]

Edna loved to *mingle* with the guests at the party.
에드나는 파티에서 초대 손님들과 어울리기를 좋아했다.

276 designate 圄 지명하다, 임명하다
[dézignèit]

She was *designated* as Attorney General.
그녀는 검찰총장에 임명되었다.

277 recall 圄 회수하다, 철회하다
[rikɔ́ːl]

My car was *recalled* because of defective brakes.
내 차는 브레이크 결함으로 회수되었다.

278 dinosaur 圈 공룡
[dáinəsɔ̀ːr]

A lot of *dinosaur* fossils were discovered at the site.
많은 공룡의 화석이 그 현장에서 발견되었다.

279 revive 圄 소생하게 하다, 기운 나게 하다
[riváiv]

The puppy was *revived* with warm milk and plenty of food.
그 강아지는 따뜻한 우유와 많은 양의 먹이를 먹고는 기운을 되찾았다.

280 dough 圈 가루 반죽, 굽지 않은 빵
[dou]

It takes several hours for *dough* to rise.
가루 반죽이 부풀어 오르기까지는 몇 시간 걸린다.

281 fiber 명 섬유
[fáibər]

Fiber-rich foods are very good for your health.
식이섬유가 풍부한 식품은 건강에 좋다.

282 résumé 명 이력서
[rézumèi]

The unemployed man prepared his *résumé*.
직장을 잃은 그 남자는 이력서를 준비했다.

283 drag 동 오래 끌다, (무거운 것을) 끌다
[dræg]

The funeral *dragged* on and on.
그 장례식은 점점 더 길어졌다.

284 fist 명 주먹
[fist]

The nurse told the patient to make a *fist*.
간호사는 그 환자에게 주먹을 쥐어 보라고 말했다.

285 driveway 명 (대문에서 현관까지의) 차도
[dráivwèi]

The *driveway* was long and narrow.
차도는 길고 폭이 좁았다.

286 enforce 동 실시하다, 시행하다
[infɔ́:rs]

The police *enforce* the 65 mph speed limit on this highway.
경찰은 이 고속도로에서 시속 65마일을 제한속도로 시행하고 있다.

287 duck 동 머리를 홱 숙이다
[dʌk]

Duck your head because the ceiling is low.
천정이 낮으므로 머리를 조금 숙여 주세요.

제1장

TOEIC 730점을 완전 돌파하기 위한 영단어

TOEIC

B단계

730점 돌파를 위한 중요 영단어 287

288 epoch-making 〔épəkmèikiŋ〕 ⑧ 획기적인

It was an *epoch-making* invention in those days.
그 당시 그것은 획기적인 발명이었다.

---

289 rug 〔rʌg〕 ⑧ 융단, 깔개

Oriental *rugs* are quite popular in the U.S.
미국에서 동양의 융단은 꽤 인기가 있다.

---

290 executive 〔igzékjətiv〕 ⑧ 행정관, 중역

In the States, the Chief *Executive* means the President.
미국에서 'the Chief Executive'는 대통령을 말한다.

---

291 rusty 〔rʌ́sti〕 ⑧ 녹슨, 색이 바랜

The *rusty* nail got thrown out.
그 녹슨 못은 버려졌다.

---

292 Fahrenheit 〔fǽrənhàit〕 ⑧ 화씨의

The temperature was below 40 degrees *Fahrenheit*.
온도는 화씨 40도 이하였다.

---

293 flyer 〔fláiər〕 ⑧ 전단, 광고

There was a *flyer* from the local grocery store in our mailbox.
우편함에 근처 식료품점에서 보낸 전단지가 들어 있었다.

---

294 abdominal 〔æbdámənəl〕 ⑧ 복부의

Abdominal breathing is indispensable when speaking English.
영어를 할 때는 복식 호흡이 절대적으로 필요하다.

295 yawn 　　　⑧ 하품하다
[jɔ:n]

Many people started to *yawn* soon after the movie got started.
영화가 시작되자마자 많은 사람들이 하품을 하기 시작했다.

296 personnel 　　　⑲ 직원, 인사부
[pə̀:rsənél]

The new *personnel* received intensive training.
신입 사원들은 집중 훈련을 받았다.

297 motion 　　　⑧ 몸짓으로 신호하다
[móuʃən]

Gary *motioned* for us to go on without him.
게리는 우리에게 그 없이 계속하라는 신호를 보냈다.

298 restructure 　　　⑧ 재구성하다, 개혁하다
[ri:strʌ́ktʃər]

The president is not willing to *restructure* the company.
그 사장은 회사를 개혁할 생각이 없다.

299 oxygen 　　　⑲ 산소
[ɑ́ksidʒən]

Oxygen is indispensable for all living organisms.
산소는 모든 생명체에게 없어서는 안 될 존재이다.

300 appendicitis 　　　⑲ 충수염, 맹장염
[əpèndisáitis]

George had an attack of *appendicitis* last Friday.
조지는 지난 주 금요일에 급성 맹장염에 걸렸다.

301 folks 　　　⑲ 가족, 사람들
[fouks]

How are your *folks* lately, Sam?
샘, 요즘 자네 가족들은 모두 잘 지내나?

302 custody 명 감금, 구류
[kʌ́stədi]

Nobody knew how long John would be kept in *custody*.
존이 얼마 동안 감금될지는 아무도 몰랐다.

303 sanitary 형 위생상의
[sǽnitèri]

Sanitary measures were taken to prevent food poisoning.
식중독을 예방하기 위해 위생 대책을 세웠다.

304 textile 형 직물의
[tékstail]

Tim works for a famous *textile* company.
팀은 유명한 섬유 회사에서 일한다.

305 federal 형 연방의
[fédərəl]

I think the *federal* government is responsible for this issue.
이 문제는 연방정부에 책임이 있다고 생각한다.

306 intersection 명 교차로
[ìntərsékʃən]

The *intersection* is where accidents frequently occur.
그 교차로는 사고가 잦은 곳이다.

307 petroleum 명 석유
[pətróuliəm]

Petroleum companies usually make plenty of money.
석유 회사는 대체로 많은 돈을 번다.

308 real estate 명 부동산
[ríːəl istéit]

He made a killing by speculating in *real estate*.
그는 부동산 투기로 많은 돈을 벌었다.

309 deliberately
[dilíbəritli]
倶 고의로, 일부러

The girls *deliberately* told a lie.
그 소녀들은 일부러 거짓말을 했다.

310 epidemic
[èpidémik]
명 전염병, (사상 등의) 유행

A cholera *epidemic* attacked the country a couple of years ago.
2년 전에 그 나라에는 콜레라가 크게 유행했다.

311 courtesy
[kə́ːrtisi]
명 호의, 예의, 공손, 친절

I received this memo pad *courtesy* of the drug store.
그 약국에서는 친절하게도 나에게 이 메모장을 주었다.

312 lifetime employment
[láiftàim implɔ́imənt]
명 종신 고용

Do you think it is safe to believe in *lifetime employment*?
종신 고용을 신뢰해도 좋다고 생각하십니까?

313 kidney
[kídni]
명 신장

A *kidney* transplant usually requires several hours.
신장 이식은 보통 수술하는 데 몇 시간이 필요하다.

314 radioactive
[rèidiouǽktiv]
형 방사성의

Radioactive material must be handled carefully.
방사성 물질은 주의해서 다루어야 한다.

315 utmost
[ʌ́tmòust]
명 전력, 최대한

The manager did his *utmost* to provide quality service.
지배인은 질이 높은 서비스를 제공하기 위해 최선을 다했다.

316 seize ⑧ 꽉 쥐다, 붙들다, 빼앗다
[siːz]

The rebel army failed to *seize* control of the country.
반란군은 그 나라의 지배권을 잡는 데 실패했다.

317 whereabouts ⑲ 소재, 행방
[hwέə(ː)rəbàuts]

The man's *whereabouts* is still unknown.
그 남자의 거주지는 여전히 불명확하다.

318 abortion ⑲ 유산, 낙태
[əbɔ́ːrʃən]

I strongly oppose *abortion* because it is a case of murder.
나는 낙태에 강력히 반대한다. 그것은 살인의 일종이기 때문이다.

319 eliminate ⑧ 제거하다, 삭제하다
[ilímənèit]

Please *eliminate* the first ten names from the list.
그 리스트에서 맨 위에 있는 10명의 이름을 삭제해 주세요.

320 carbon dioxide ⑲ 탄산가스, 이산화탄소
[káːrbən dàiáksaid]

The emission of *carbon dioxide* facilitates the greenhouse effect.
탄산가스의 배출은 지구 온난화를 촉진시킨다.

321 accountable ⑲ 책임이 있는
[əkáuntəbl]

Barry should be *accountable* for the losses of the company.
회사에 끼친 손실에 대한 책임은 배리가 져야 한다.

322 medieval ⑲ 중세풍의, 구식의, 매우 오래된
[mìːdíːvəl]

Can you see the *medieval* church up there?
저기 있는 중세풍의 교회가 보입니까?

323 lame ⑱ 다리가 불편한
[leim]

The *lame*, old man begged Jesus to heal him.
다리가 불편한 노인이 예수에게 치료를 요청했다.

324 immune ⑱ 면역성의
[imjú:n]

Babies are generally *immune* to catching colds.
일반적으로 아기는 감기에 대한 면역이 강하다.

325 altitude ⑱ 고도, 해발
[ǽltitʃùːd]

We referred to the map to find the *altitude* of Mt. Everest.
우리는 에베레스트 산의 고도를 알아보기 위해 지도를 보았다.

326 unload ⑧ 짐을 내리다
[ʌnlóud]

I appreciated it very much when he *unloaded* the car for me.
그가 나를 위해 차에 있는 짐을 내려 주어서 정말 고마웠다.

327 luxurious ⑱ 호화로운, 사치스러운
[lʌgʒú(ː)əriəs]

The *luxurious* home has a swimming pool inside.
그 호화로운 저택에는 실내 풀장이 있다.

328 plague ⑱ 전염병
[pleig]

Have you ever heard of the bubonic *plague*?
선페스트(역병의 일종)에 관해 들어본 적이 있습니까?

329 acid rain ⑱ 산성비
[ǽsid rein]

Acid rain devastated all of the forests in the area.
산성비로 인해 이 지역의 산림이 모두 황폐해졌다.

330 **troops** ⑲ 군대
[tru:ps]

The *troops* could go on no more.
그 군대는 그 이상 나아가지 못했다.

331 **nag** ⑧ 성가시게 잔소리하다
[næg]

His wife is *nagging* him to clean his study.
그의 부인은 그에게 서재를 청소하라고 성가시게 잔소리를 한다.

332 **aisle seat** ⑲ 통로 쪽 좌석
[ail sí:t]

I prefer an *aisle seat* to a window seat while flying.
난 비행기 안에서는 창가 자리보다 통로 쪽 자리를 더 좋아한다.

333 **cardinal** ⑱ 기본적인
[ká:rdinəl]

These kindergartners will learn the *cardinal* numbers.
이 유치원생들은 기본 숫자를 공부한다.

334 **preside** ⑧ 지배하다, 통솔[총괄]하다
[prizáid]

Namsu *presided* over the school festival.
남수는 학교 축제를 총괄했다.

335 **transaction** ⑲ 업무 처리, 거래
[trænzǽkʃən]

Many *transactions* can be done with the use of a computer.
대부분의 업무 처리는 컴퓨터를 이용하여 이루어진다.

336 **sidewalk** ⑲ 인도, 보도
[sáidwɔ̀:k]

I saw the *sidewalk* littered with bottles and cans.
이 인도에는 빈 병과 빈 캔이 여기저기 버려져 있다.

337 **assassinate**
[əsǽsənèit]

동 암살하다, 훼손하다

Did Lee Oswald *assassinate* John F. Kennedy by himself?
리 오즈월드 단독으로 케네디 대통령을 암살했을까?

338 **marital**
[mǽritəl]

형 결혼의, 부부의

It would be rude for you to ask her about her *marital* status.
그녀에게 결혼 여부를 묻는다면 실례가 될 것이다.

339 **anchor**
[ǽŋkər]

동 닻을 내리다, 정박하다

The ship *anchored* down for a while.
그 배는 얼마 동안 정박했다.

340 **rage**
[reidʒ]

명 격노, 열망, 대유행(하는 물건)

Big, tall boots are the latest *rage* among teenagers in the U.S.
크고 긴 부츠는 지금 미국의 10대 사이에서 크게 유행한다.

341 **cozy**
[kóuzi]

형 기분 좋은, 포근한, 안락한

The bed-and-breakfast was nice and *cozy*.
아침 식사를 제공하는 그 숙박 시설은 대단히 안락했다.

342 **intoxicate**
[intáksəkèit]

동 취하게 하다, 흥분시키다

The man got *intoxicated* after drinking vodka.
그 남자는 보드카를 마시고 취했다.

343 **soggy**
[sάgi]

형 흠뻑 젖은, 물에 잠긴, 설 구워진

The pancake Polly served me was a bit *soggy*.
폴리가 나에게 내어 준 팬케이크는 약간 설익었다.

344 **drawback**
[drɔ́ːbæ̀k]
명 결점, 장해

The principal *drawback* is the expensive maintenance.
가장 큰 결점은 유지비가 비싸다는 점이다.

345 **implicit**
[implísit]
형 함축적인, 분명히 표현하지 않은

Can you understand the *implicit* meaning of this sentence?
당신은 이 문장에 포함된 함축적인 의미를 알고 있습니까?

346 **fad**
[fæd]
명 일시적인 유행

Dying their hair is a *fad* among the elderly women.
지금 중년 여성들 사이에서 머리카락을 염색하는 것이 유행이다.

347 **breakthrough**
[bréikθrùː]
명 돌파구, 타개책, 비약적 발전

The two representatives achieved a *breakthrough*.
두 대표는 타개책을 찾았다.

348 **acting**
[ǽktiŋ]
형 대리의, 임시의

His son ran the company for a while as the *acting* president.
그의 아들이 잠시 동안 사장을 대행하여 회사를 운영했다.

349 **bribe**
[braib]
명 뇌물

He is the last politician who would take a *bribe*.
그는 뇌물을 받는 정치인이 아니다.

350 **rating**
[réitiŋ]
명 평가, 시청률

The movie received a *rating* of four stars.
그 영화는 별 4개라는 평가를 받았다.

351 fertile
[fə́ːrtəl]
형 비옥한, 번식력이 있는

Farmers can grow all kinds of vegetables on this *fertile* land.
농부들은 이 비옥한 땅에 어떤 야채든 키울 수 있다.

352 transparent
[trænspɛ́(ː)ərənt]
형 투명한

Transparent tape is good for wrapping presents.
투명한 테이프는 선물을 포장하는 데 좋다.

353 sprout
[spráut]
동 싹트다, 나기 시작하다, 발생하다

New leaves are beginning to *sprout*.
새 잎이 나기 시작한다.

354 hedge
[hedʒ]
명 울타리, 경계, 장벽

I cut the *hedge* with an electric clipper.
난 울타리를 전기톱으로 잘랐다.

355 nominate
[nάmənèit]
동 지명하다, 임명하다

He was *nominated* as the Republican presidential candidate.
그는 공화당의 대통령 후보로 지명되었다.

356 picturesque
[pìktʃərésk]
형 그림처럼 아름다운

The Blue Ridge Mountains are a *picturesque* spot.
블루리지 산맥은 그림처럼 아름답다.

357 breach
[briːtʃ]
명 위반

There was a *breach* of contract on their part.
그들 쪽에서 계약 위반을 했다.

358 aftereffect 뗑 여파, 후유증
[ǽftərifèkt]

Ernie is suffering heavily from the *aftereffects* of whiplash.
어니는 충격에 의한 후유증으로 매우 고생하고 있다.

359 eligible 뗑 자격이 있는
[élidʒəbl]

You are *eligible* to take part in the contest.
당신은 경연 대회에 참가할 자격이 있다.

360 recession 뗑 불경기
[riséʃən]

Recession hit and people lived thriftily.
불경기의 영향으로 사람들은 검소한 생활을 했다.

361 administration 뗑 정부, 행정 (관리)
[ədmìnistréiʃən]

I'm still supporting the Clinton *Administration*.
나는 지금도 여전히 클린턴 정권을 지지한다.

362 negotiate 뗑 협상하다, 협의하다
[nigóuʃièit]

We need to *negotiate* with them again on this matter.
본 건에 관해서 우리는 그들과 다시 협상해야 한다.

363 allegedly 뗑 주장한 바에 의하면, 이른바
[əlédʒidli]

The man *allegedly* stole the document from the office.
전해진 바에 의하면, 그 남자가 사무실에서 그 서류를 훔쳤다고 한다.

364 bluff 뗑 허세부리다, 엄포를 놓다
[blʌf]

The man *bluffed* me into believing that he was a medical doctor.
그 남자가 부리는 허세에 속아 나는 그가 의사라고 믿었다.

▧ 365 **utility**
[juːtíləti]

명 공공시설

The cost of *utilities* is very high in Japan.
일본에는 공공요금이 대단히 비싸다.

▧ 366 **diminish**
[dimíniʃ]

동 감소하다, 줄다

The gospel singer's popularity has *diminished* in recent years.
근래에 가스펠 가수의 인기가 떨어지고 있다.

▧ 367 **fiscal**
[fískəl]

형 회계의, 재무의

The *fiscal* year begins in October and ends in September.
그 회계 연도는 10월에 시작해서 다음 해 9월에 끝난다.

▧ 368 **coed**
[kóuèd]

형 남녀공학의

Was your high school *coed*?
너희 고등학교는 남녀공학이었니?

▧ 369 **alley**
[ǽli]

명 골목, 샛길, 뒷길

The *alley* was narrow and dark.
그 골목은 좁고 어두웠다.

▧ 370 **jury**
[dʒú(ː)əri]

명 배심원

The *jury* was so strained that they were no longer themselves.
배심원 모두가 매우 긴장했기 때문에 평상심을 유지할 수 없었다.

▧ 371 **microscope**
[máikrəskòup]

명 현미경

What are you looking at through the *microscope*?
그 현미경으로 무엇을 보고 있습니까?

372 assets

명 자산, 재산

[ǽsets]

Many people believe that Jonathan has enormous *assets*.
많은 사람들은 조나단이 막대한 재산을 갖고 있다고 믿는다.

373 realm

명 영역, 분야

[relm]

The spiritual *realm* of life is invisible.
현실 세계에서는 영적인 영역은 눈에 보이지 않는다.

374 seam

명 솔기, 꿰맨 줄

[si:m]

These pants are ripped at the *seam*.
이 바지 솔기 부분이 터져 있다.

375 flourish

동 번창하다, 융성하다, 꽃피다

[flə́:riʃ]

The American economy has *flourished* in recent years.
최근에 미국 경제는 호황이다.

376 child abuse

명 아동 학대

[tʃáild əbjú:s]

Child abuse has been increasing in recent years.
근래에 아동 학대 건수가 증가하고 있다.

377 reinforce

동 강화[보강]하다, 보충하다

[rì:infɔ́:rs]

The old bridge was *reinforced* with more concrete.
그 낡은 다리는 콘크리트로 보강되었다.

378 strategy

명 전략, 책략

[strǽtidʒi]

There needs to be a *strategy* to persuade him to go with you.
그에게 당신과 함께 가라고 설득하기 위해서는 어떤 전략이 필요하다.

379 leverage ⑲ 영향력
[lévəridʒ]

His *leverage* as a congressman is not as powerful as before.
현재 그가 가진 하원의원으로서의 영향력은 이전처럼 강하지 못하다.

380 grin ⑧ 이를 드러내고 빙긋 웃다
[grin]

My grandpa *grinned* when he cracked a joke.
할아버지가 농담을 하시고는 빙긋 웃으셨다.

381 lethal ⑲ 치명적인, 치사의
[líːθəl]

Even such a small gun can be a *lethal* weapon.
이렇게 작은 총이라 하더라도 치명적인 무기가 될 수 있다.

382 ambassador ⑲ 대사
[æmbǽsədər]

Who is serving as American *ambassador* to Korea now?
현재 주한 미국 대사는 누구입니까?

383 chuckle ⑧ 킬킬 웃다
[tʃʌ́kl]

The clown made everyone *chuckle*.
그 어릿광대는 사람들을 킬킬 웃게 했다.

384 amenity ⑲ 즐거움, 오락 시설, 쾌적함
[əménəti]

Several *amenities* were offered to the hotel guests.
이 호텔에 묵는 숙박 손님에게 몇 가지 증정품이 제공되었다.

385 sanction ⑲ 제재, 처벌
[sǽŋkʃən]

They applied economic *sanction* against our country.
그들은 우리 나라에 대해 경제 제재 조치를 적용했다.

386 relish
[réliʃ]

동 즐기다, 기쁘게 생각하다

My kids *relished* the opportunity to vacation by the lake.
내 아이들은 호반에서 휴가를 즐겼다.

387 urine
[jú(ː)ərin]

명 소변

I received the result of the *urine* test.
나는 소변 검사 결과를 받았다.

388 fluid
[flúːid]

명 액체, 유동체

When you're sick, you should drink plenty of *fluids*.
병에 걸렸을 때는 많은 수분을 섭취하는 편이 좋다.

389 likewise
[láikwàiz]

부 마찬가지로, 게다가, 역시

My friend decided to take a break, and I did *likewise*.
친구가 쉬기로 했기 때문에 나 역시 그렇게 했다.

390 outrageous
[autréidʒəs]

형 난폭한, 괘씸한, 엉터리인

The remark Julie made is simply *outrageous*.
줄리가 한 말은 전혀 맞지 않는 엉터리이다.

391 poultry
[póultri]

명 가금류 (닭, 칠면조, 집오리 등)

I would say *poultry* is a healthy choice.
닭고기류는 건강에 좋다.

392 appropriate
[əpróupriit]

동 충당하다, 착복하다, 전유하다

They *appropriated* a large amount of money for it.
그들은 그것을 위해서 많은 돈을 충당했다.

◢ 393 refreshments 〔명〕 가벼운 음식물, 다과
[rifréʃmənts]

Refreshments were served after the school play.
학교 연극이 끝난 뒤에 가벼운 음식물이 나왔다.

◢ 394 authentic 〔형〕 진정한, 진짜의, 믿을 만한
[ɔ:θéntik]

Sally is wearing *authentic* Calvin Klein jeans.
샐리는 진짜 캘빈클라인 청바지를 입고 있다.

◢ 395 box-office 〔형〕 인기를 끄는
[báksɔ̀(:)fis]

"Independence Day" became a box-office hit in the States.
'인디펜던트 데이'는 미국에서 크게 인기 있는 영화가 되었다.

◢ 396 flunk 〔동〕 낙제시키다, 실패하다
[flʌŋk]

Due to his bad grades, Scott *flunked* out of college last year.
스코트는 성적이 나빴기 때문에 작년에 대학에서 퇴학당했다.

◢ 397 zest 〔명〕 재미, 흥미, 열정
[zest]

Her experiences always bring *zest* to her conversation.
그녀의 경험은 언제나 그녀와의 대화에 재미를 더해 준다.

◢ 398 evacuate 〔동〕 비우다, 피난시키다, 철수시키다
[ivǽkjuèit]

People were forced to *evacuate* because of the volcanic eruption.
사람들은 화산 폭발로 인해 강제로 피난을 갔다.

◢ 399 array 〔명〕 열거, 나열, 대군
[əréi]

There was an *array* of health courses listed in the catalog.
그 카탈로그에는 많은 건강 강좌가 열거되어 있다.

400 discretion 명 행동[판단, 선택]의 자유, 결정권
[diskréʃən]

I'll leave the matter entirely to her *discretion*.
이 문제는 전적으로 그녀의 판단에 맡길 것이다.

401 duplicate 형 복제의, 똑같은
[djúːpləkit]

How many *duplicate* keys do you have for your car?
당신은 복제한 차 열쇠를 몇 개 갖고 있습니까?

402 bleach 동 표백하다, 희게 하다
[bliːtʃ]

The girl had her blouse *bleached*.
소녀는 그녀의 블라우스를 희게 했다.

403 convertible 명 오픈 카
[kənvə́ːrtəbl]

An increasing number of young people have bought *convertibles*.
오픈 카를 사는 젊은이가 늘고 있다.

404 wholesome 형 건전한, 유익한
[hóulsəm]

The new family seems to be pretty *wholesome*.
새 가족은 대단히 건전한 사람으로 보인다.

405 grumble 동 투덜거리다, 불평하다
[grʌ́mbl]

The toddler *grumbled* about having to take a nap.
그 아이는 왜 꼭 낮잠을 자야 하는지에 대해 불평을 말했다.

406 mob 명 폭도
[mɑb]

The *mob* overtook the speaker abruptly.
그 폭도는 갑자기 연설자를 습격했다.

☑ 407 blackout
[blǽkàut]

명 정전

The *blackout* lasted for eight hours and affected five states.
그 정전은 8시간 동안 계속되어 5개의 다른 주에도 영향을 주었다.

☑ 408 awesome
[ɔ́ːsəm]

형 장엄한, 경외심이 나타나 있는

The dormant volcano looked *awesome*.
그 휴화산은 장엄해 보였다.

☑ 409 friction
[fríkʃən]

명 마찰

The trade *friction* between Korea and the U.S. was serious.
한미 간의 무역 마찰은 심각했다.

☑ 410 ballot
[bǽlət]

명 투표 (용지)

Let us decide our team leader by *ballot*.
우리 팀의 대표는 투표로 결정하자.

☑ 411 respectively
[rispéktivli]

부 각각, 저마다, 각기

The boys and girls were given toy trucks and dolls *respectively*.
소년들은 장난감 트럭을, 소녀들은 인형을 각각 받았다.

☑ 412 fragile
[frǽdʒəl]

형 부서지기 쉬운, 연약한

This vase is *fragile*, so please be careful.
이 꽃병은 깨지기 쉬우므로 주의해 주세요.

☑ 413 bankrupt
[bǽŋkrʌpt]

형 도산한

A number of companies have gone *bankrupt* of late.
최근 많은 회사가 도산했다.

65

414 robbery
[rábəri]

명 강도

The bank *robbery* took place about 2:30 a.m.
은행 강도 사건은 오전 2시 30분에 발생했다.

415 migrate
[máigreit]

동 이주하다, 이동하다

These birds *migrate* to Hokkaido in winter.
이 새들은 겨울이 되면 홋카이도로 이주하여 지낸다.

416 fraud
[frɔːd]

명 사기

The man didn't care about practicing *fraud*.
그 남자는 사기치는 것을 아무렇지도 않게 생각했다.

417 reminder
[rimáindər]

명 생각나게 하는 사람[물건], 메모

The mother wrote a *reminder* to her child to do the dishes.
어머니는 아이에게 설거지를 하라는 암시가 적힌 메모를 남겨 놓았다.

418 spell
[spel]

명 기간, 한 차례의 일, 순번

There was a long *spell* of rain last year.
작년에는 오랫동안 계속해서 비가 내렸다.

419 commission
[kəmíʃən]

명 수수료, 위원회

How much *commission* will be made if a car is sold?
차 한 대를 팔면 수수료가 얼마 들어옵니까?

420 foul
[faul]

형 지저분한, 음란한

Peter used *foul* language and was spanked by his mother.
피터는 욕설을 사용해서 어머니에게 엉덩이를 맞았다.

421 backfire ⑧ 실패하다, 역화하다
[bǽkfàiər]

His seemingly good plan *backfired* on him.
훌륭해 보였던 그의 계획은 실패로 끝나 버렸다.

422 scrape ⑧ 문지르다, 스쳐 상처를 내다
[skreip]

The car got *scraped* by the gate.
그 차는 문에 차체를 긁혔다.

423 bully ⑧ 약한 사람을 겁주다, 괴롭히다
[búli]

Those students who *bullied* the boy should be punished severely.
그 소년을 괴롭힌 학생들은 엄중한 처벌을 받아야 마땅하다.

424 fugitive ⑲ 도망자
[fjú:dʒitiv]

Someone must be helping the *fugitive* to hide safely.
누군가가 그 도망자를 안전하게 숨겨 주고 있음이 틀림없다.

425 queer ⑲ 기묘한, 이상한
[kwiər]

There were *queer* noises coming out of that old house.
그 오래된 집에서 이상한 소리가 들려왔다.

426 glacier ⑲ 빙하
[gléiʃər]

As the air grew warmer, the *glaciers* began to thaw.
기온이 올라가서 빙하가 녹기 시작했다.

427 bullet ⑲ 총탄
[búlit]

The *bullet* hit the target.
그 총탄은 과녁에 맞았다.

428 gourmet
[gúərmei]
명 식도락가

You can easily tell that Mr. Smith is a *gourmet*.
스미스 씨가 식도락가라는 사실은 쉽게 알 수 있다.

429 binding
[báindiŋ]
형 구속력 있는

The contract is not *binding* on us.
그 계약에는 우리에 대한 구속력은 없다.

430 gross
[grous]
형 통계의, 전체의, 엄청난

Brian's *gross* income has doubled.
브라이언의 총수입은 2배가 되었다.

431 scorn
[skɔːrm]
동 경멸하다, 멸시하다

It is better not to *scorn* anyone.
아무도 경멸해서는 안 된다.

432 bulk
[bʌlk]
명 대부분, 용적

The *bulk* of their business is in Southeast Asia.
그들이 하는 일의 대부분은 동남아시아 안에 있다.

433 optical
[áptikəl]
형 광학(상)의

Optical fibers make clear international phone calls possible.
광섬유 덕분에 국제전화가 똑똑하게 잘 들린다.

434 indict
[indáit]
동 기소[고발]하다, 비난하다

The man will be *indicted* on a charge of rape.
그 남자는 부녀자 폭행혐의로 기소되었다.

435 headquarters 명 본부, 본사
[hédkwɔ̀ːrtərz]

The *headquarters* for 3M is located in St. Paul , Minnesota.
3M의 본사는 미네소타 주의 세인트 폴 시에 있다.

436 capital punishment 명 사형
[kǽpitəl pʌ́niʃment]

I'm strongly against the abolition of *capital punishment*.
나는 사형 폐지에 결단코 반대다.

437 thrust 동 밀치다, 헤치고 나가다, 떠밀다
[θrʌst]

Sandra *thrust* her way through the large crowd.
산드라는 많은 인파 속을 헤치며 나갔다.

438 console 동 위로하다, 위문하다
[kənsóul]

After her miscarriage, she was *consoled* by her best friend.
그녀는 유산한 후에 가장 친한 친구에게 위로를 받았다.

439 embassy 명 대사관
[émbəsi]

Rebecca works for the U. S. *Embassy* in Seoul.
레베카는 서울에 있는 미국 대사관에서 일한다.

440 camera-shy 형 사진 찍히기 싫어하는
[kǽmərəʃ̀ài]

The lady was *camera-shy* and hated to have her picture taken.
그 부인은 카메라 앞에 서는 것을 부끄러워해서 사진 찍기를 싫어했다.

441 hierarchy 명 서열, 계층
[háiərɑ̀ːrki]

The *hierarchy* in that family is very rigid.
그 가족은 서열 관계가 대단히 엄격하다.

442 lawsuit 명 공소
[lɔ́:sùːt]

The *lawsuit* was a real tragedy.
그 공소는 정말 비극적이었다.

443 conspicuous 형 이목을 끄는, 뛰어난
[kənspíkjuəs]

Elena tried to make herself *conspicuous* with her gaudy dress.
엘레나는 화려한 드레스를 입고 사람들의 이목을 끌려고 했다.

444 mellow 형 원숙한, 부드러운
[mélou]

Chuck became *mellower* as he got older.
척은 나이가 들어감에 따라 이전보다 원숙해졌다.

445 shorthand 명 속기(술)
[ʃɔ́:rthæ̀nd]

Secretaries should know *shorthand*.
비서는 속기를 할 줄 알아야 한다.

446 consecutive 형 연속적인, 계속된, 일관적인
[kənsékjətiv]

It has rained cats and dogs for three *consecutive* days.
3일 연속해서 억수 같은 비가 내렸다.

447 detour 명 우회, 먼 길로 돔
[díːtuər]

He took a shortcut but everyone else took the *detour*.
그는 지름길을 택했지만 다른 사람들은 모두 먼 길을 돌아갔다.

448 wicket 명 개찰구
[wíkit]

Jean waited for me right in front of the *wicket* at the station.
진은 그 역 개찰구 바로 앞에서 나를 기다리고 있었다.

449 coherent
[kouhí(:)ərent]
⟨형⟩ 시종일관한, 조리가 서는

What the drunkard was saying was not *coherent* at all.
그 술 취한 사람이 하는 말은 전혀 조리가 맞지 않았다.

450 mandatory
[mǽndətɔ̀:ri]
⟨형⟩ 필사의, 의무적인

In the school, English composition is a *mandatory* subject.
그 학교에서 영어 작문은 필수 과목이다.

451 cashier
[kæʃíər]
⟨명⟩ 출납원

Alice works as a *cashier*.
앨리스는 출납원으로 일하고 있다.

452 day-care center
[déikɛ̀ər séntər]
⟨명⟩ 탁아소

There are many nice *day-care centers* in this county.
이 도시에는 훌륭한 시설을 갖춘 탁아소가 많이 있다.

453 carve
[kɑ:rv]
⟨동⟩ 베다, 새기다, 조각하다

Who wants to volunteer to *carve* this turkey?
누가 이 칠면조를 자를 겁니까?

454 sheer
[ʃíər]
⟨형⟩ 섞인 것이 없는, 순수한, 완전한

The birthday party was a *sheer* delight.
그 생일 파티는 정말 즐거웠다.

455 choir
[kwáiər]
⟨명⟩ 성가대, 합창단

The *choir* sang for the 10:00 service.
그 성가대는 10시 예배에서 노래를 불렀다.

456 discharge 동 제대[퇴원]시키다, 해고하다
[distʃáːrdʒ]

Peggy was *discharged* from the hospital last week.
페기는 지난 주에 병원에서 퇴원했다.

457 parliament 명 국회
[páːrləmənt]

The *Parliament* was comprised of over 90% men.
그 국회는 90% 이상이 남성으로 구성되어 있었다.

458 diplomat 명 외교관
[dípləmæt]

She became a career *diplomat* like her father.
그녀는 그녀의 아버지처럼 직업 외교관이 되었다.

459 sewage 명 하수, 오수
[sjúːidʒ]

Sewage is being dumped into the oceans at an alarming rate.
오수는 아주 빠른 속도로 바다로 버려지고 있다.

460 paycheck 명 급료 지불 수표
[péitʃək]

Everyone is happy when they receive a *paycheck*.
월급날에는 누구나 즐겁다.

461 simmer 동 부글부글 끓다, 막 터지려고 하다
[símər]

Simmer this stew for another hour.
이 스튜를 1시간 더 부글부글 끓이세요.

462 horn 명 뿔피리, 경적
[hɔːrn]

Some people are eager to honk their *horns*.
자동차 경적을 울리고 싶어하는 사람이 있다.

◤ *463* **inevitable**
[inévitəbl]
혱 피할 수 없는, 부득이한

It is *inevitable* that we will have to shovel snow.
우리가 눈을 삽으로 퍼내는 일은 피할 수 없다.

◤ *464* **disguise**
[disgáiz]
통 변장[위장]시키다

The detective *disguised* himself as a fireman.
그 탐정은 소방관으로 변장했다.

◤ *465* **compile**
[kəmpáil]
통 편집하다, 수집하다

It took the scholar some seven years to *compile* the dictionary.
그 학자가 이 사전을 편집하는 데 약 7년이 걸렸다.

◤ *466* **hostage**
[hάstidʒ]
명 인질

Many prisoners were held *hostage* in the basement.
많은 포로가 지하에서 인질이 되었다.

◤ *467* **shrill**
[ʃril]
혱 날카로운, 높은

The flight attendant's voice abruptly became *shrill*.
그 여객기 승무원의 목소리가 갑자기 날카로워졌다.

◤ *468* **incentive**
[inséntiv]
명 자극, 동기

She has little *incentive* to work hard for the trading house.
그녀에게는 그 무역 회사에서 열심히 일하고자 하는 동기가 거의 없다.

◤ *469* **defy**
[difái]
통 무시하다, 공공연히 반대하다

Many soldiers *defied* the orders of the king.
많은 병사가 국왕의 명령을 무시했다.

470 **homicide** 명 살인
[hámisàid]

The morning newspaper reports the *homicide*.
조간 신문에 그 살인 사건에 관한 기사가 실렸다.

471 **disembark** 동 내리다, 하차하다
[dìsembá:rk]

Those passengers *disembarked* at the station.
승객들은 그 역에서 내렸다.

472 **ludicrous** 형 웃기는, 가소로운, 멍청한
[lú:dəkrəs]

It is *ludicrous* to expect the kid to clean the whole house.
그 아이에게 집 안 청소를 기대하는 것은 웃기는 일이다.

473 **northbound** 형 북행의
[nɔ́:rθbàund]

The *northbound* train for Maine departed at 5:00 p.m. sharp.
메인 주로 가는 북행 열차가 오후 5시 정각에 출발했다.

474 **hospitable** 형 대접이 좋은, 극진한
[háspitəbl]

Helen was a warm and *hospitable* hostess.
헬렌은 따뜻하고 손님 접대를 잘하는 여종업원이었다.

475 **comprehensive** 형 포괄적인
[kàmprihénsiv]

It is a *comprehensive* study of Hawaiian's pidgin.
그것은 하와이 사람들이 사용하는 혼성어에 관한 광범위한 연구이다.

476 **skeleton** 명 해골, 분자의 골격 구조
[skélitən]

Biology students studied the *skeleton*.
생물학을 전공하는 학생들은 분자의 골격 구조를 공부했다.

477 **condo**
[kándou]

圓 분양 아파트

Everybody knows that *condo* is short for condominium.
'condo' 가 'condominium' 의 약어라는 사실은 누구나 알고 있다.

478 **cost-effective**
[kɔ́:stiféktiv]

圀 비용 효율[효과]이 높은

Using a water purifier is more *cost-effective* than that.
정수기를 사용하는 편이 그것보다 비용 효율이 높다.

479 **illegible**
[ilédʒəbl]

圀 읽기 어려운, 판독하기 어려운

Mark's handwriting was *illegible* to everyone.
마크의 필체는 다른 사람들이 읽기 힘들었다.

480 **hydrogen**
[háidrədʒən]

圓 수소

Cynthia's father was a researcher on the *hydrogen* bomb.
신시아의 아버지는 수소폭탄 연구원이었다.

481 **disposable**
[dispóuzəbl]

圀 처분할 수 있는, 사용 후 버릴 수 있는

We buy *disposable* diapers for our son.
우리는 아들에게 일회용 기저귀를 사용한다.

482 **cuisine**
[kwizí:n]

圓 조리법

What are the characteristics of Swedish *cuisine*?
스웨덴 요리의 특징은 무엇입니까?

483 **specimen**
[spésəmən]

圓 교본, 견본

A stuffed *specimen* of an anaconda was displayed.
아나콘다를 박제한 표본이 전시되어 있었다.

484 testimony 명 증언
[téstəmòuni]

The witness gave truthful *testimony* regarding the events.
목격자는 그 사건에 관한 진실을 증언했다.

485 measles 명 홍역
[míːzlz]

The doctor said that I have *measles*.
의사가 홍역이라고 말했다.

486 perspiration 명 땀, 발한
[pə̀ːrspəréiʃən]

This deodorant keeps *perspiration* from becoming noticeable.
이 방취제를 사용하면 다른 사람에게 땀 냄새를 풍기지 않게 할 수 있다.

487 crutch 명 목발
[krʌtʃ]

He used *crutches* for three weeks or so.
그는 3주 동안 목발을 사용했다.

488 prosecutor 명 검찰관
[prásəkjùːtər]

The *prosecutor* was a shady man himself.
그 검찰관 자신이 떳떳치 못한 사람이었다.

489 ditch 명 도랑, 배수구
[ditʃ]

A dead deer was lying in the *ditch*.
죽은 사슴이 도랑에 쓰러져 있었다.

490 crispy 형 파삭파삭한, 활발한, 곱슬곱슬한
[kríspi]

When it comes to pizza, I prefer the *crispy* style.
나는 파삭파삭한 피자를 더 좋아한다.

491 procedure 	(명) 절차, 수속, 순서
[prəsíːdʒər]

The application *procedure* was too complex for me.
신청서를 작성하는 절차는 나에게 너무 어려웠다.

492 skull 	(명) 두개골
[skʌl]

Various *skulls* were excavated from the ancient ruins.
다양한 두개골이 그 고대 유적에서 발굴되었다.

493 hypothesis 	(명) 가설, 가정
[haipάθisis]

The *hypothesis* was proved false.
그 가설은 틀렸음이 증명되었다.

494 crucial 	(형) 중대한, 결정적인
[krúːʃəl]

It is time to make a *crucial* change in your diet.
지금이야말로 당신의 식이 요법에 중대한 변화를 줘야 할 때이다.

495 impartial 	(형) 공명정대한, 공평한
[impάːrʃəl]

He is known as an *impartial* judge.
그는 공명정대한 재판관으로 알려져 있다.

496 diameter 	(형) 직경
[daiǽmitər]

The *diameter* is twice the length of the radius.
직경은 반경의 2배가 되는 길이다.

497 slick 	(동) 매끈하게 하다
[slik]

Matt *slicks* his hair back with gel.
매트는 젤을 발라 머리를 정돈했다.

498 ailment 명 질환, 병
[éilmənt]

The architect has a minor *ailment* in his lungs.
그 건축가는 폐에 가벼운 질환이 있다.

499 toll-free 형 무료의
[tóulfrì:]

Many companies now have *toll-free* numbers.
지금은 많은 기업이 수신자 부담의 전화번호를 갖고 있다.

500 standing ovation 명 기립 박수
[stǽndiŋ ouvéiʃən]

They gave Rev. Billy Graham a *standing ovation*.
그들은 빌리 그레이엄 목사에게 기립 박수를 보냈다.

501 scorching 형 몹시 뜨거운
[skɔ́:rtʃiŋ]

It was a *scorching* hot day, reaching 105° F at noon.
정오가 되자 화씨 105도에 달하는 몹시 뜨거운 날이었다.

502 reminiscent 형 연상시키는, 회상하게 하는
[rèmənísənt]

Nancy's speech style is *reminiscent* of my mother's.
낸시의 말투는 우리 어머니를 연상시킨다.

503 redundant 형 말이 많은, 장황한, 여분의
[ridʌ́ndənt]

I found that there were many *redundant* words in her paper.
나는 그녀의 리포트에 장황한 말이 많이 사용되었음을 깨달았다.

504 imprudent 형 경솔한, 무분별한
[imprú:dənt]

It is very *imprudent* for him to climb the mountain at this time.
이 시기에 등산을 하다니 그는 정말 경솔하다.

505 quarter 명 지역, 숙소
[kwɔ́:rtər]

My residence is very close to the business *quarters*.
우리 집은 상업 지구와 매우 가까운 곳에 있다.

506 disillusioned 형 환멸을 느낀
[dìsilú:ʒənd]

The nurse has grown *disillusioned* with the doctor's ethics.
간호사는 그 의사의 윤리관에 환멸을 느끼고 있다.

507 subordinate 명 부하, 하급자
[səbɔ́:rdənit]

The manager had 15 *subordinates*.
부장 밑에는 15명의 부하 직원이 있다.

508 life span 명 수명
[laif spæn]

The average *life span* of Japanese is the longest the world over.
일본인의 평균 수명은 세계에서 가장 길다.

509 workaholic 명 일에 중독된 사람, 일벌레
[wə̀:rkəhɔ́:lik]

The *workaholic* had no other interest than his projects.
그 일중독자는 자신의 사업 계획 이외에는 어디에도 흥미가 없었다.

510 verdict 명 평결
[vɔ́:rdikt]

The *verdict* will be handed down after careful deliberation.
평결은 신중히 심의된 후에 내려질 것이다.

511 defendant 명 피고(인)
[diféndənt]

The *defendant* just couldn't look at the face of the plaintiff.
그 피고는 똑바로 원고의 얼굴을 볼 수 없었다.

☑ 512 illegitimate   ⓗ 위법의, 불법의, 사생의
[ìlidʒítəmit]

Kate had an *illegitimate* child when she was young.
케이트는 그녀가 젊었을 때 사생아를 가졌다.

☑ 513 defect   ⓥ 도망가다, 망명하다, 탈퇴하다
[difékt]

Then he decided to *defect* to South Korea.
그 때 그는 한국으로 망명을 결심했다.

☑ 514 sniffle   ⓥ 코를 훌쩍이다
[snífl]

The baby was *sniffling* and coughing, too.
아기는 코를 훌쩍였고, 재채기도 했다.

☑ 515 innumerable   ⓗ 무수한, 헤아릴 수 없을 정도의
[injú:mərəbl]

The grains of sand on the beach are *innumerable*.
해변에 있는 모래알은 다 셀 수 없을 정도이다.

☑ 516 deficit   ⓜ 적자
[défisit]

What can the U.S. do to reduce the trade *deficit*?
미국은 무역 적자를 줄이기 위해 어떻게 해야 할까?

☑ 517 intestine   ⓜ 장
[intéstin]

The old man has some problems with his large *intestine*.
그 노인은 대장에 작은 문제가 있다.

☑ 518 snatch   ⓥ 잡아채다, 잡아 뺏다, 강탈하다
[snætʃ]

The man in black *snatched* the lady's purse and ran off.
검은 옷을 입은 남자는 그 부인의 핸드백을 잡아채어 달아났다.

519 tariff
[tǽrif]
명 관세

Quite a high *tariff* is imposed on vitamins.
비타민제에는 꽤 높은 관세가 부과되어 있다.

520 install
[instɔ́:l]
동 설치하다, 취임시키다, 임명하다

How much did you pay to have your phone *installed*?
전화를 설치하는 데 얼마나 들었습니까?

521 distinguished
[distíŋgwiʃt]
형 저명한, 유명한

Mr. Setten was the *distinguished* guest at the party.
세튼 씨는 그 파티에 초대받은 저명한 손님이었다.

522 invaluable
[invǽljuəbl]
형 대단히 귀중한

Your professor will be an *invaluable* source of knowledge.
여러분의 교수님은 여러분의 귀중한 지식원이 되어 주실 것입니다.

523 dose
[dous]
명 복용량

There was a fatal *dose* of potassium cyanide in the bottle.
그 병 안에는 치사량의 청산가리가 들어 있었다.

524 multitude
[mʌ́ltitjùːd]
명 다수, 군중

There were a *multitude* of hungry people waiting for free food.
무료 급식을 기다리는 굶주린 사람들이 수도 없이 많이 있었다.

525 downturn
[dáuntə̀ːrn]
명 하락, 하강

Ellen's life took a *downturn* after her husband's death.
남편이 세상을 떠난 후 엘렌의 인생은 하강 곡선을 그렸다.

526 **breadwinner**　　명 집안의 벌이를 하는 사람
[brédwìnər]

In Mary's family, she is the *breadwinner*.
메리의 집에서는 그녀가 가장이다.

527 **overcast**　　형 흐린
[óuvərkæ̀st]

It was *overcast* and looked like rain at any moment.
하늘은 잔뜩 흐려 있는 상태여서 언제든 비가 내릴 것 같다.

528 **mileage**　　명 주행 거리
[máilidʒ]

Does your car get good *mileage*?
당신 차는 연비가 좋습니까?

529 **stun**　　동 기절시키다, 어리둥절하게 하다
[stʌn]

People were *stunned* by the sudden resignation of the President.
사람들은 대통령의 갑작스러운 사임에 어리둥절하였다.

530 **dotted line**　　명 점선
[dátid lain]

Make sure to sign your name on the *dotted line*.
반드시 점선 위에 서명하세요.

531 **inventory**　　명 재고품, 재고품 목록
[ínvəntɔ̀ːri]

The drugstore will be taking *inventory* today.
그 약국은 오늘 재고 조사를 할 예정이다.

532 **droop**　　동 축 늘어지다, 시들다, 풀이 죽다
[druːp]

The plant wasn't watered and began to *droop*.
그 꽃은 물을 주지 않아서 시들기 시작했다.

533 landslide
[lǽndslàid]

명 압도적인 승리, 압승

It was supposed to be a *landslide* victory.
압도적인 승리라고 예상했다.

534 ecological
[ékəládʒikəl]

형 생태계의

The construction of the dam will tip the *ecological* balance.
댐 건설은 생태계의 균형을 무너뜨릴 것이다.

535 evaporate
[ivǽpərèit]

동 증발하다, 기화하다

The glass of water *evaporated* completely over a few days.
컵에 들어 있던 물은 며칠 만에 모두 증발했다.

536 subsidy
[sʌ́bsidi]

명 조성금, 보조금

The Education Department provided her with a *subsidy*.
교육부는 그녀에게 보조금을 주었다.

537 elaborate
[ilǽbərèit]

동 상세히 말하다, 부연하다

Could you *elaborate* on that point?
그 점에 대해 자세히 설명해 주시겠어요?

538 mow
[mou]

동 ~을 베다, 베어 들이다

It took Tina a long time to *mow* the lawn in the backyard.
티나가 뒤뜰의 잔디를 깎는 데 오랜 시간이 걸렸다.

539 exotic
[igzátik]

형 이국 정서의, 이국적인, 색다른

I am looking forward to visiting some *exotic* spots in Spain.
나는 스페인에 있는 이국적인 장소에 가기를 기대하고 있다.

540 inflammable
[inflǽməbl]
형 타기 쉬운

There is *inflammable* liquid in the can.
이 캔 안에는 인화성이 있는 액체가 들어 있다.

541 composed
[kəmpóuzd]
형 차분한, 침착한

The gentleman looked *composed* and sure of himself.
그 신사는 침착하고, 자신감이 있는 사람처럼 보였다.

542 faculty
[fǽkəlti]
명 학부의 교수단, 능력

The matter will be deliberated at the next *faculty* meeting.
이 건은 다음 교수회에서 심의할 예정이다.

543 formulate
[fɔ́:rmjəlèit]
동 ~을 고안하다, 명확히 말하다

They *formulated* a great plan for the festival.
그들은 그 페스티벌에 관련된 멋진 계획을 제안했다.

544 dispatch
[dispǽtʃ]
동 파견하다, 급파하다, 발송하다

They decided to *dispatch* an inspection team to Iraq.
그들은 조사단을 이라크에 파견하기로 결정했다.

545 verify
[vérəfài]
동 증명하다, 입증하다

Maria couldn't *verify* that it was her social security number.
마리아는 그것이 자신의 주민등록번호임을 입증하지 못했다.

546 mumps
[mʌmps]
명 유행성 이하선염, 볼거리

Did you get the *mumps* when you were little?
어릴 때, 볼거리에 걸렸습니까?

547 **nauseate** ⑧ 구역질나게 하다, 혐오감을 느끼게 하다
[nɔ́ːzièit]

Riding on the boat *nauseated* Janet yesterday.
자넷은 어제 배에 탔을 때 구역질을 했다.

548 **paranoid** ⑨ 피해망상의
[pǽrənɔ̀id]

It seems that the nervous woman is *paranoid*.
그 신경질적인 여성은 피해망상증인 듯했다.

549 **quarterly** ⑨ 계간의
[kwɔ́ːrtərli]

These magazines are issued *quarterly*.
이 잡지들은 계간지이다.

550 **pension** ⑨ 연금
[pénʃən]

The retired couple are thankful for their *pension*.
퇴직한 부부는 연금에 감사하고 있다.

551 **suffice** ⑧ 충분하다, 족하다
[səfáis]

For the children's dinner, hamburgers and pop will *suffice*.
아이들의 저녁 식사로는 햄버거와 탄산음료로 충분할 것이다.

552 **penetrate** ⑧ 꿰뚫다, 관통하다, 스며들다
[pénitrèit]

The alcohol *penetrated* his system and he fell over.
알코올이 그의 몸 속으로 스며들자 그는 쓰러졌다.

553 **whiskers** ⑨ 구레나룻, (고양이 등의) 수염
[hwískərz]

The kitten has long *whiskers*.
그 고양이는 입 주위에 긴 털을 갖고 있다.

554 warranty 명 보증서
[wɔ́(ː)rənti]

The *warranty* on my CD player is for one year.
내 CD 플레이어 보증서의 유효 기간은 1년이다.

555 diversify 동 다양화하다, 다각화하다
[divə́ːrsəfài]

It has certainly *diversified* our way of living.
그것은 분명 우리의 생활 양식을 다양하게 해 주었다.

556 wreck 명 파괴, 잔해
[rek]

The two cars got into a huge *wreck*.
자동차 두 대가 크게 파손되었다.

557 commencement 명 졸업식
[kəménsmənt]

Our college *commencement* will be held of March 19.
우리 대학의 졸업식은 3월 19일에 거행하기로 되어 있다.

558 arson 명 방화(죄)
[áːrsən]

The fire must have been a case of *arson*.
그 화재는 방화인 것이 틀림없다.

559 suppress 동 억압[진압]하다, 가라앉히다
[səprés]

People who *suppress* their feelings will have more problems.
자신의 감정을 억제하는 사람은 더 많은 문제를 갖게 된다.

560 priority 명 우선(권), 우선순위 저당
[praiɔ́(ː)rəti]

You should have given top *priority* to your family.
당신은 가족을 최우선으로 여겼어야 했다.

◢ 561 substantial ⑱ 실질적인, 많은, 상당한
[səbstǽnʃəl]

He was allowed to eat *substantial* food.
그는 제대로 된 식사를 하도록 허락받았다.

◢ 562 patent ⑲ 특허(권)
[pǽtənt]

The company has a *patent* on their new product.
그 회사는 그들이 만든 신제품의 특허를 갖고 있다.

◢ 563 swell ⑧ 부풀게 하다, 붓게 하다, 불리다
[swel]

The lady's foot was *swollen* again.
그 부인의 발은 또다시 부었다.

◢ 564 well-to-do ⑱ 유복한
[wèltədúː]

That *well-to-do* woman pulled up in a BMW.
그 유복한 여성은 BMW를 타고 다가왔다.

◢ 565 perishable ⑱ 부패하기 쉬운
[périʃəbl]

Perishable items should be eaten quickly.
부패하기 쉬운 식품은 빨리 먹어야 한다.

◢ 566 windfall ⑲ 뜻밖의 횡재, 굴러 들어온 복
[wíndfɔ̀ːl]

He gained a *windfall* by winning the lottery.
그는 복권에 당첨되어 생각지도 않던 횡재를 했다.

◢ 567 perspective ⑲ 시야, 견해
[pərspéktiv]

His *perspective* changed once he heard all of the information.
일단 모든 정보를 듣자 그의 견해는 바뀌었다.

568 persecution 뗑 박해
[pə̀ːrsəkjúːʃən]

Christians in China still suffer from some *persecution*.
중국의 기독교 신자들은 여전히 박해를 받고 있다.

569 bid 뗑 입찰 (가격), 노력
[bid]

She made a *bid* of $2,000 for the antique clock.
그는 그 골동품 시계에 2,000달러의 가격을 붙였다.

570 council 뗑 협의회, 평의회
[káunsəl]

The student *council* organized a softball game.
학우회에서는 소프트볼 시합을 준비했다.

571 frown 동 눈살을 찌푸리다, 난색을 표하다
[fraun]

Fran said that he had done nothing to be *frowned* upon.
프랜은 다른 사람의 빈축을 살 만한 일은 절대로 하지 않았다고 말했다.

572 periodical 뗑 정기 간행물
[pìəriádikəl]

The library has many kinds of *periodicals*.
그 도서관에는 많은 정기 간행물이 있다.

573 routine 형 판에 박힌 일, 일상의 일, 일과
[ruːtíːn]

Housewives have *routine* cleaning to do every day.
주부는 매일 청소하는 것이 일과이다.

574 picky 형 법석대는, 성미 까다로운
[píki]

Hilary is very *picky* about her outfits.
힐러리는 옷에 대한 취향이 까다롭다.

제1장

TOEIC 730점을 완전 돌파하기 위한 영단어

단계

730점 돌파를 위한 가장 중요한 영단어 273

575 tentative
[téntətiv]
® 일시적인, 불확실한

My *tentative* plans may change.
내 불확실한 계획은 변경될지도 모른다.

576 pledge
[pledʒ]
⑧ 서약하다, 맹세하다

When we were in grade school, we used to *pledge* allegiance.
우리가 초등학생이었을 때는 충성을 맹세하곤 했다.

577 refund
[rí:fʌnd]
⑲ 변제, 환불, 상환

I received a *refund* for my faulty oven.
나는 결함이 있는 오븐을 반품하고 환불받았다.

578 unanimously
[ju:nǽnəməsli]
⑪ 만장일치로

We *unanimously* voted to take a week off.
우리는 만장일치로 일주일 동안 휴가를 받기로 결정했다.

579 painstaking
[péinstèikiŋ]
® 노고를 아끼지 않는, 근면한

They are making *painstaking* preparations for a trip to Egypt.
그들은 고생하면서 이집트 여행을 준비하고 있다.

580 candid
[kǽndid]
® 솔직한, 거리낌 없는

He gave a *candid* opinion on the gay issue on the radio program.
그는 라디오 프로그램에서 게이 문제에 관한 자신의 솔직한 의견을 말했다.

581 feasible
[fí:zəbl]
® 실행 가능한, 알맞은, 적합한

Is living on the moon technically *feasible* for us?
우리가 달에서 생활하는 일이 기술적으로 가능할까?

◢ 582 **binoculars**
[bənákjələrz]
⑲ 쌍안경

I took *binoculars* with me to the ballpark.
나는 야구장에 쌍안경을 가지고 갔다.

◢ 583 **teller**
[télər]
⑲ 금전출납계원, 예금계

There was a line of people waiting to see the bank *teller*.
은행 창구에는 순서를 기다리는 사람들이 줄을 서 있었다.

◢ 584 **cellar**
[sélər]
⑲ 지하 저장실

The *cellar* was stocked with canned goods.
그 지하 저장실에는 통조림 식품이 저장되어 있었다.

◢ 585 **petition**
[pətíʃən]
⑲ 탄원서

They presented one hundred thousand *petition* signatures.
그들은 10만 명의 서명을 모아 탄원서를 제출했다.

◢ 586 **martial law**
[máːrʃəl lɔː]
⑲ 계엄령

It won't be long before they lift *martial law*.
머지않아 계엄령이 해제될 것이다.

◢ 587 **quota**
[kwóutə]
⑲ 분담액, 몫

It's hard to keep meeting the current production *quotas*.
현재의 생산량을 유지하기는 어렵다.

◢ 588 **venue**
[vénjuː]
⑲ 행위의 현장, 발생지

It is often said that Paris is a *venue* for lovers.
파리는 연인들이 사랑하는 장소로 알려져 있다.

589 **compatible**
[kəmpǽtəbl]

(형) 양립할 수 있는, 뜻이 맞는

Can socialism be *compatible* with capitalism in one country?
한 나라에 사회주의와 자본주의가 공존할 수 있을까?

590 **turbulence**
[tə́:rbjələns]

(형) 난기류, 동요

The air *turbulence* on that day was greater than on other days.
그 날의 난기류는 평소보다 강했다.

591 **overdue**
[ðuvərdjú:]

(형) 지연된

The electricity bill is now *overdue*.
전기료 납부일이 지나 버렸다.

592 **lavish**
[lǽviʃ]

(형) 사치스러운

Patty's dresser was lined with *lavish* perfumes from Europe.
패티의 옷장에는 유럽에서 온 고급 향수가 즐비하다.

593 **greasy**
[grí:si]

(형) 기름기 있는

The stove was *greasy* and needed cleaning.
이 난로는 기름범벅이라서 청소가 필요하다.

594 **raid**
[reid]

(형) 습격, 급습, 불시 단속

The police *raid* busted up the drug ring.
경찰의 불시 단속으로 마약밀매업자가 체포되었다.

595 **constituency**
[kənstítʃuensi]

(형) 선거구

The *constituency* is chiefly made up of middle-income families.
그 선거구는 주로 중산층으로 이루어져 있다.

596 enact ⑧ 제정하다, 규정하다
[inǽkt]

The trade law was *enacted* this time last year.
그 통상법은 작년 이맘때 제정되었다.

597 ale ⑲ 에일 맥주
[eil]

The regular *ale* contains some alcohol.
일반 에일 맥주에는 알코올이 약간 함유되어 있다.

598 vicinity ⑲ 주변
[visínəti]

Salesmen in this *vicinity* will hold a convention here.
이 주변 지역에서 일하는 판매 사원들이 여기에서 회의를 열 예정이다.

599 gem ⑲ 보석
[dʒem]

He is like an unpolished *gem*, but has a lot of potential.
그는 다듬지 않은 보석 같은 사람이지만, 잠재적인 능력이 풍부하다.

600 optimum ⑲ 최적의
[áptəməm]

Summer is the *optimum* season to go camping.
여름은 캠프를 가는 데 가장 적합한 시기이다.

601 hepatitis ⑲ 간염
[hèpətáitis]

Hepatitis is a scary disease.
간염은 무서운 질병이다.

602 commotion ⑲ 동요, 소요, 폭동
[kəmóuʃən]

Commotion can be triggered at any moment.
소동은 언제든 일어날 수 있다.

603 questionnaire
[kwèstʃənέər]

圈 앙케트, 질문 용지

The graduate student passed out *questionnaires* to them.
그 대학원생은 그들에게 앙케트 용지를 배포했다.

604 solicit
[səlísit]

동 간청하다, 청구하다, 구걸하다

They *solicited* our help to get the project started.
그들은 그 프로젝트를 시작하면서 우리의 협조를 요청했다.

605 foreseeable
[fɔːrsíəbl]

圈 예지할 수 있는

I may go there in the *foreseeable* future.
가까운 장래에 내가 그 곳으로 갈지도 모른다.

606 censorship
[sénsərʃip]

圀 검열

All the publications were subject to strict *censorship*.
모든 인쇄물이 엄중한 검열을 받았다.

607 nominal
[námənəl]

圈 명목상의, 아주 적은, 근소한

You can rent a swimming suit for a *nominal* charge.
아주 적은 돈으로 수영복을 빌릴 수 있다.

608 ammunition
[æmjəníʃən]

圀 탄약

This is where *ammunition* was stored during World War Ⅱ.
이 곳은 제2차 세계대전 중에 탄약이 수용되었던 장소이다.

609 overbearing
[ðuvərbέ(:)əriŋ]

圈 건방진, 고압적인, 거만한

Many friends of mine say that Steve is intolerably *overbearing*.
대부분의 친구들이 스티브는 참을 수 없을 만큼 건방지다고 말한다.

610 cheeky
[tʃíːki]
(형) 건방진, 뻔뻔스러운

William was known as being *cheeky* among friends.
윌리엄은 친구 사이에서는 건방진 사람으로 알려져 있다.

611 harness
[háːrnis]
(동) 마구를 채우다, 이용하다

We will *harness* more nuclear energy in the 21st century.
21세기에는 핵에너지를 좀 더 이용해야 할 것이다.

612 malfunction
[mælfʌ́ŋkʃən]
(형) 기능 불량, 고장

The accident occurred because of an engine *malfunction*.
그 사고는 엔진 고장이 원인이었다.

613 fluctuate
[flʌ́ktʃuèit]
(동) 변동하다, 오르내리다

Stock prices have *fluctuated* wildly this month.
이번 달 주가가 심하게 변동하고 있다.

614 all-time
[ɔ́ːltàim]
(형) 공전의, 전대 미문의, 미증유의

At one time the dollar hit an *all-time* low of 1,000 won.
달러는 일시적으로 최저가인 천 원을 기록했다.

615 ransom
[rǽnsəm]
(형) 몸값, 배상금

The abductor held the little girl for *ransom*.
몸값을 노린 유괴범은 어린 소녀를 감금했다.

616 stall
[stɔːl]
(동) 꼼짝 못하다

Due to the heavy snowfall, many cars *stalled*.
대설로 인해 많은 차들이 꼼짝도 못했다.

617 philanthropist   몡 자선가, 박애주의자
[filǽnθrəpist]

The U.S. has many well-known *philanthropists*.
미국에는 유명한 자선가가 많다.

618 contraception   몡 피임(법)
[kàntrəsépʃən]

Some methods of *contraception* are more effective.
어떤 피임법은 다른 방법에 비해 효과적이다.

619 intricate   혱 복잡한
[íntrəkit]

The designs for the computer are extremely *intricate*.
그 컴퓨터 디자인은 매우 복잡하다.

620 howl   동 (늑대, 개 등이) 울부짖다
[haul]

The dog was *howling* all night.
개는 밤새 길게 짖어 대고 있었다.

621 overwhelming   혱 압도적인
[ðuvərhwélmiŋ]

The aerobics club's performance was *overwhelming*.
에어로빅부의 공연은 압도적이었다.

622 roster   몡 명부
[rástər]

Please cross out his mane from the student *roster*.
학생 명부에서 그의 이름을 지워 주세요.

623 catastrophe   몡 큰 재해, 대참사
[kətǽstrəfi]

The flood was an unexpected *catastrophe*.
그 홍수는 예측하지 못한 큰 재해였다.

☑ 624 affirmative action 명 적극적 차별철폐 조치
[əfə́ːrmətiv ǽkʃ∂n]

What are *affirmative action* programs like?
적극적 차별철폐 조치 프로그램이 무엇입니까?

☑ 625 confiscate 동 압수하다, 몰수하다
[kánfiskèit]

The police *confiscated* 150 grams of stimulant drugs.
경찰은 각성제 150그램을 압수했다.

☑ 626 archive 명 기록 보관소, 공문서
[áːrkaiv]

There were many priceless documents in the *archives*.
그 기록 보관소에는 대단히 귀중한 문서가 많았다.

☑ 627 flabby 형 흐느적한, 축 늘어진
[flǽbi]

For lack of exercise, his stomach has really got *flabby*.
운동 부족으로 그의 복부가 축 늘어져 버렸다.

☑ 628 heaping 형 더미, 수북하게 담음
[híːpiŋ]

Lois put *heaping* teaspoons of sugar in her coffee.
로이스는 커피에 설탕을 찻숟가락으로 가득 퍼 넣었다.

☑ 629 revenge 명 복수
[rivéndʒ]

Revenge does not pay in the end.
복수를 해도 결국은 아무 것도 얻을 수 없다.

☑ 630 spectrum 명 분광, 스펙트럼
[spéktrəm]

Various colors are found in the light *spectrum*.
스펙트럼에는 여러 가지 색이 보인다.

631 **fluke** 명 요행수
[flu:k]

It was nothing short of a *fluke*.
그것은 요행수나 다름없었다.

632 **malnutrition** 명 영양 실조
[mæln ju:tríʃən]

Many people were suffering from *malnutrition*.
많은 사람들이 영양 실조로 괴로워했다.

633 **foil** 동 좌절시키다, 실패시키다
[fɔil]

The plans were *foiled* completely.
그 계획들은 완전히 실패했다.

634 **adjacent** 형 인접한, 가까이 있는 《to》
[ədʒéisənt]

Adjacent to the cleaners is a cake shop.
세탁소 근처에는 케이크 가게가 있다.

635 **bloodshed** 명 유혈, 살육, 학살
[blʌ́dʃèd]

The city was plunged into *bloodshed*.
그 도시는 학살로 붉게 물들었다.

636 **obese** 형 지나치게 살찐
[oubí:s]

This diet program is designed especially for *obese* people.
이 다이어트 프로그램은 특히 비만인 사람을 위해 만들어졌다.

637 **geometry** 명 기하학
[dʒiɑ́mitri]

While I was in high school, I liked *geometry* better than algebra.
고등학생 때, 나는 대수학보다 기하학을 더 좋아했다.

638 veto 　　　　　⑧ 거부하다, 금지하다
[ví:tou]

The president will surely *veto* the bill.
대통령은 분명 그 법안에 거부권을 행사할 것이다.

639 the Richter scale 　　⑲ 리히터 스케일
[ðə ríktər skeil]

The major predawn quake measured 6.6 on *the Richter scale*.
새벽에 발생한 그 지진은 리히터 스케일 6.6을 기록했다.

640 wallflower 　　　　⑲ 무도회에서 상대가 없는 여자
[wɔ́:lflàuər]

Brenda became a *wallflower* and didn't enjoy it at all.
브렌다는 상대가 없었기 때문에 파티가 전혀 즐겁지 않았다.

641 red tape 　　　　⑲ 형식적인 수속, 관료적 형식주의
[red teip]

My wife had to go through all kinds of bureaucratic *red tape*.
내 아내는 관료적 형식주의 때문에 여러 복잡한 수속을 거쳐야 했다.

642 anthem 　　　　⑲ 찬가, 축가
[ǽnθəm]

Do you remember all the words of your national *anthem*?
당신은 당신 나라의 애국가 가사를 모두 외웁니까?

643 deductible 　　　⑱ 공제할 수 있는
[didʌ́ktəbl]

This dinner is also *deductible* as a business expense.
이 저녁 식사도 업무상 경비로서 공제할 수 있다.

644 phony 　　　　⑱ 위조의, 거짓의
[fóuni]

I can't tell a real diamond from a *phony* one.
나는 진짜 다이아몬드와 가짜 다이아몬드를 구별할 수 없다.

645 almanac
[ɔ́ːlmənæ̀k]

명 연감, 책력

I came across my grandfather's *almanac* in the attic.
나는 다락방에서 우연히 할아버지의 연감을 발견했다.

646 dean
[diːn]

명 학장

Dr. Brown is an excellent *dean* of the English Department.
브라운 박사는 영어학부의 훌륭한 학장이다.

647 sabbatical
[səbǽtikəl]

명 휴가, 안식일

The professor took a *sabbatical* to Sweden.
그 교수는 안식 휴가를 얻어 스웨덴에 갔다.

648 deregulation
[diː(ː)règjəléiʃən]

명 규제 완화

Are they related to the *deregulation* of the airlines?
그것들이 항공 규제 완화와 관계가 있습니까?

649 repose
[ripóuz]

동 쉬다, 쉬게 하다

Do you know the man *reposing* on the bench over there?
저 벤치에서 쉬고 있는 남자를 압니까?

650 gauge
[geidʒ]

동 측정하다, 재다

Ron *gauged* the cost of the project.
론은 그 프로젝트 경비를 계산했다.

651 furnished
[fə́ːrniʃt]

형 가구가 붙은

We want to rent a *furnished* house with three bedrooms.
우리는 침실 3개에 가구가 딸린 집을 빌리고 싶다.

652 saddle
[sǽdl]
통 ~에게 책임을 지우다

She was *saddled* with taking care of her grandchildren.
그녀는 자신의 손자, 손녀를 돌보는 책임을 지고 있었다.

653 tax-exempt
[tæ̀ksigzémpt]
형 비관세의, 면세의

In the U. S., non-profit organizations are *tax-exempt*.
미국에서는 비영리단체가 비과세로 취급된다.

654 steep
[sti:p]
형 엄청난, 터무니없는

The price of the bicycle was *steep*, so I didn't buy it.
그 자전거 가격이 터무니없이 비쌌기 때문에 나는 그 자전거를 사지 않았다.

655 metabolism
[metǽbəlìzəm]
명 신진대사

My *metabolism* is so low that I put on weight very easily.
나는 신진대사가 느려서 아주 쉽게 살이 찐다.

656 invoice
[ínvɔis]
명 송장

Have you received the *invoice* for these textbooks?
이 교과서의 송장을 받았습니까?

657 nab
[næb]
통 잡다, 움켜쥐다, 거머잡다

The boy was *nabbed* for shoplifting.
그 소년은 도둑질을 하다가 잡혔다.

658 merger
[mə́:rdʒər]
명 합병

Mergers and acquisitions were very common in the 80's.
80년대에는 기업의 합병과 매수가 활발하게 이루어졌다.

659 census 명 국세 조사, 인구 조사
[sénsəs]

What did the *census* show about Korea's population.
국세 조사에 따르면 한국의 인구는 몇 명이었습니까?

660 down payment 명 계약금
[daun péimənt]

The young man made only a small *down payment* on his house.
그 젊은이는 집을 구입하는 데 약간의 계약금을 지불했다.

661 saliva 명 타액, 침
[səláivə]

Saliva started to drip out of the dog's mouth.
그 개는 입에서 침을 흘리기 시작했다.

662 moonlight 동 부업을 하다
[múːnlàit]

The janitor *moonlights* as a taxi driver.
그 관리인은 밤에는 부업으로 택시 운전을 한다.

663 rank and file 명 대중, 일반인
[ræŋk ənd fail]

The art was appreciated well by the *rank and file*.
그 예술은 일반 대중에게 대단히 호평을 받았다.

664 vapor 명 기체, 증기
[véipər]

A strange *vapor* filled the room.
이상한 기체가 방 안에 가득했다.

665 recipient 명 수령자
[risípiənt]

The *recipient* of the prize was overjoyed.
수상자는 매우 기뻐했다.

666 gubernatorial 혱 지사의, 지방 장관의
[gjùːbərnətɔ́ːriəl]

Mr. Humphrey ran in the *gubernatorial* election many years ago.
험프리 씨는 오래전에 주지사 선거에 출마했었다.

667 entrepreneur 혱 기업가
[àːntrəprənə́ːr]

Mr. Hunt was an excellent *entrepreneur* by the time he was 25.
헌트 씨는 25세 때, 이미 우수한 기업가가 되어 있었다.

668 reimburse 동 변상하다, 배상하다, 상환하다
[rìːimbə́ːrs]

My friend *reimbursed* me later because I paid for dinner.
저녁 식사비를 모두 내가 지불했더니 친구가 나중에 갚아 주었다.

669 toll 혱 사상자 수, 통행 요금
[toul]

The death *toll* mounted as the fire spread far and wide.
불길이 번져감에 따라 사망자 수도 점점 늘어났다.

670 sway 동 흔들리다, 동요하다
[swei]

The swing was *swaying* in the wind.
그네가 바람에 흔들리고 있었다.

671 hay fever 혱 꽃가루 알레르기
[hei fíːvər]

Poor Tom has *hay fever* again and his nose is running.
가엾게도 톰은 꽃가루 알레르기 때문에 또 콧물을 흘리고 있다.

672 stagnant 혱 흐르지 않는, 정체된
[stǽgnənt]

Business is rather *stagnant* now.
경기는 현재 상당히 정체되어 있다.

103

673 **depreciate** ⑧ 가치가 떨어지다, 값이 내리다
[diprí:ʃièit]

The won *depreciated* 8% against the dollar within a week.
일주일 사이에 원은 달러에 대해 8% 하락했다.

674 **exhilarating** ⑧ 기분을 돋우는, 상쾌한
[igzílərèitiŋ]

My experiences in New Zealand were truly *exhilarating*.
뉴질랜드에서의 경험은 대단히 흥분되는 것이었다.

675 **depot** ⑧ 버스 터미널
[dí:pou]

How far is it from here to the *depot*?
여기에서 버스 터미널까지 얼마나 떨어져 있습니까?

676 **avalanche** ⑧ 눈사태, 쇄도
[ǽvəlæ̀ntʃ]

The party was carried away by an *avalanche*.
일행은 눈사태로 쓸려 나갔다.

677 **regime** ⑧ 정치, 정부
[rəʒí:m]

The *regime* began half a year ago.
그 정권은 반년 전에 출범했다.

678 **overthrow** ⑧ 타도하다, 뒤엎다, 정복하다
[ðuvərθróu]

The secret society planned to *overthrow* the government.
비밀 결사대는 정부를 전복하려는 음모를 꾸몄다.

679 **prerogative** ⑧ 특권
[prirɑ́gətiv]

They had the *prerogative* of accessing the database.
그들에게는 그 데이터베이스에 접속할 수 있는 특권이 있었다.

◢ 680 curfew
[kə́ːrfjuː]

명 야간 외출[통행] 금지, 귀가 시간

As her father is very strict, Jane's *curfew* is still 8 o'clock.
제인의 아버지는 아주 엄하셔서 그녀의 귀가 시간은 여전히 8시이다.

◢ 681 dovish
[dʌ́viʃ]

형 온건 평화파의

Al is very *dovish*, while Hal is very hawkish.
알은 온건파지만 할은 과격파이다.

◢ 682 surplus
[sə́ːrplʌs]

명 잉여, 과잉, 여분

We have a *surplus* of paper.
우리는 여분의 종이를 갖고 있다.

◢ 683 vulnerable
[vʌ́lnərəbl]

형 상처 입기 쉬운, 취약성이 있는

This type of building is very *vulnerable* to earthquakes.
이런 종류의 건물은 지진에 상당히 약하다.

◢ 684 segregation
[sègrəgéiʃən]

명 차별, 분별

The racial *segregation* was dreadful in the South.
인종 차별은 남부 지방에서 심했다.

◢ 685 detrimental
[dètrəméntəl]

형 유해한 《to》

Many movies are *detrimental* to young people.
많은 영화가 젊은이들에게 유해하다.

◢ 686 saturate
[sǽtʃərèit]

동 흠뻑 적시다, 과잉 공급하다

The marathon runner's shirt was *saturated* with sweat.
그 마라톤 선수의 셔츠는 땀에 흠뻑 젖었다.

687 infatuate [infǽtʃuèit] 동 얼빠지게 하다, 열중하게 하다

Erica is *infatuated* with the male model.
에리카는 그 남자 모델에게 흘려 있다.

688 appetizer [ǽpitàizər] 명 전채

What shall we order as *appetizers*?
전채로 무엇을 주문할까요?

689 meteorological [mì:tiərəládʒikəl] 형 기상의, 기상학상의

What is the *Meteorological* Agency?
기상청은 무엇을 하는 곳입니까?

690 destitute [déstitjù:t] 형 빈곤한

You must not look down on the *destitute*.
가난한 사람을 경멸해서는 안 된다.

691 sophisticated [səfístəkèitid] 형 약아빠진, 세련된, 복잡한

That high school kid looks very *sophisticated*.
그 고등학생은 아주 약아빠져 보인다.

692 downsize [dàunsáiz] 동 삭감하다, 축소하다

The company has been *downsizing* the number of workers.
그 회사는 종업원 수를 삭감하는 중이다.

693 ad hoc [æd hák] 형 특별한

The *ad hoc* committee was set up immediately.
곧 특별위원회가 설치되었다.

694 undermine ⑧ 몰래 손상시키다, (건강을) 해치다
[ʌ̀ndərmáin]

It *undermined* the relationship between the two nations.
그것은 양국 간의 관계를 손상시키기에 이르렀다.

695 arbitrary ⑲ 임의의, 변덕스러운, 독단적인
[ɑ́:rbitrèri]

That kind of decision-making is really *arbitrary*.
그런 의사 결정은 너무 독단적이다.

696 marble ⑲ 대리석의
[mɑ́:rbl]

Marble pillars lined the hallway.
대리석 기둥이 복도에 늘어서 있다.

697 asylum ⑲ 망명, 피난
[əsáiləm]

Hundreds of Cubans sought political *asylum*.
수백 명의 쿠바인이 정치적 망명을 원했다.

698 sterile ⑲ 무균의, 불임의
[stéril]

Sterile gauze is a good item in first aid kit.
살균 가제는 구급상자에 넣어 두면 요긴한 도구이다.

699 deteriorate ⑧ 타락하다, 악화하다, 나빠지다
[dití(:)əriərèit]

Over the past 10 years the neighborhood has *deteriorated*.
최근 10년 사이에 그 지역은 타락하고 있다.

700 artery ⑲ 동맥
[ɑ́:rteri]

Too much cholesterol will clog the *arteries*.
콜레스테롤이 많이 쌓이면 동맥이 막힌다.

701 barrage 閏 연발 ≪of≫
[bərάːʒ]

The students gave their professor a *barrage* of difficult questions.
학생들은 교수에게 어려운 질문을 퍼부었다.

702 ominous 閏 불길한, 전조의
[ɑ́mənəs]

Finding the knife in his bag was an *ominous* sign.
그의 가방에서 칼을 발견한 것은 불길한 징조였다.

703 shriek 閏 비명을 지르다
[ʃriːk]

At the sight of a snake the girl *shrieked*.
그 소녀는 뱀을 보고 비명을 질렀다.

704 bearish 閏 비관적인, 약세의, 내림세의
[bέ(ː)əriʃ]

The *bearish* stock market turned into a bullish one.
내림세였던 증시가 오름세가 되었다.

705 domesticate 閏 (동물을) 길들이다
[dəméstəkèit]

Wild squirrels are almost impossible to *domesticate*.
야생 다람쥐를 길들이는 것은 거의 불가능하다.

706 besiege 閏 포위하다
[bisíːdʒ]

The stronghold was finally *besieged* by the enemy.
그 요새는 마침내 적에 의해 포위되었다.

707 pact 閏 조약, 협정
[pækt]

It won't be long before the two countries make a peace *pact*.
양국은 머지않아 평화 조약을 맺을 것이다.

◢ 708 ozone layer   몡 오존층
[óuzoun léiər]

Some spray cans cause the depletion of the *ozone layer*.
어떤 스프레이 캔의 물질은 오존층을 파괴하는 원인이 된다.

◢ 709 bipartisan   혱 초당파의, 양당의
[baipáːrtizən]

The *bipartisan* diplomacy in the country is successful.
그 나라의 초당적 외교는 성공적이다.

◢ 710 vicious circle   몡 악순환
[víʃəs sə́ːrkl]

Bulimia is a *vicious circle* of eating and then throwing up.
과식증은 먹고 토하는 것의 악순환이다.

◢ 711 surcharge   몡 추가 요금, 추징금
[sə́ːrtʃɑ̀ːrdʒ]

I hear that Valerie was forced to pay 10% *surcharge*.
발레리는 10%의 추가 요금을 지불했다고 한다.

◢ 712 blue chip   몡 우량주
[blúː tʃíp]

Most of the *blue chips* were in the field of car manufacturing.
대부분의 우량주가 자동차 제조업계에 있었다.

◢ 713 solvent   몡 용제, 용매
[sálvənt]

We have a whole shelf of cleaning *solvents*.
우리에게는 선반 가득 청소용 용제가 있다.

◢ 714 thumbtack   몡 압정
[θʌ́mtæ̀k]

The corkboard was full of various colored *thumbtacks*.
그 코르크로 만든 게시판은 여러 색의 압정이 가득 붙어 있었다.

715 remittance 명 송금
[rimítəns]

My mom sent me a *remittance* yesterday.
어머니는 어제 나에게 송금을 해 주셨다.

716 hail 동 환영하다, 불러서 세우다
[heil]

She was standing in the middle of the street to *hail* a taxi.
그녀는 택시를 불러 세우려고 도로 한가운데 서 있었다.

717 savage 형 야만적인, 미개한
[sǽvidʒ]

The *savage* tribes wore little clothing.
그 미개한 부족은 옷을 거의 입고 있지 않았다.

718 bibliography 명 참고 문헌 일람표
[bìbliágrəfi]

About 50 reference books were listed in the *bibliography*.
참고 문헌 일람표에는 약 50개의 참고 문헌이 나열되어 있었다.

719 stumbling block 명 장해물, 방해물
[stʌ́mbliŋ blɑk]

What is your largest *stumbling block* right now?
지금 당신에게 가장 큰 장해물은 무엇입니까?

720 bounce 동 부도가 되어 되돌아오다
[bauns]

I was astounded to hear that all those checks had *bounced*.
저 수표들이 모두 부도가 되어 되돌아왔다는 소리를 듣고 깜짝 놀랐다.

721 monarchy 명 군주 국가, 군주 정치
[mɑ́nərki]

What country is good example of a constitutional *monarchy*?
입헌군주국가의 좋은 예가 되는 나라는 어디입니까?

722 nursery rhyme
[nə́:rsəri raim]
명 동요, 자장가

Jack and Jill is Mother Goose *nursery rhyme*.
'잭과 질' 은 마더 구스의 동요이다.

723 bounty
[báunti]
명 현상금, 장려금

The FBI put a *bounty* on the serial killer at large.
미국 연방수사국은 도주 중인 연쇄 살인범을 찾기 위해 현상금을 걸었다.

724 dissident
[dísidənt]
명 반체제자, 의견을 달리하는 사람

In the 1970s he was well known as *dissident* leader in the South.
그는 1970년대 남부의 반체제파 지도자로서 잘 알려져 있다.

725 sodium
[sóudiəm]
명 나트륨

Does this snack contain a lot of *sodium*?
이 스낵에는 나트륨이 많이 들어 있습니까?

726 would-be
[wúdbì:]
형 ~이 되려고 하는, 지망의

The student is a *would-be* newscaster.
그 학생은 뉴스 진행자가 되기를 꿈꾼다.

727 soar
[sɔ:r]
동 높이 치솟다, 날아오르다

Coffee bean prices *soared* because of the bad crop.
흉작으로 인해 원두 커피 가격이 치솟았다.

728 bone marrow
[boun mǽrou]
명 골수

Pete survived because of the *bone marrow* transplant.
피트는 골수 이식으로 되살아났다.

729 **incumbent**   형 현직의
[inkΛmbənt]

The *incumbent* mayor won the election as we all had expected.
사람들의 예상대로 현직 시장이 재선되었다.

730 **cardiac**   형 심장의
[káːrdiæk]

He has *cardiac* asthma.
그는 심장 천식을 앓고 있다.

731 **delegate**   명 대표, 사절
[déləgèit]

He will be sent as the country's *delegate* to the convention.
그 회의에는 그가 국가를 대표해서 파견될 것이다.

732 **carcinogen**   명 발암성 물질
[kɑːrsínədʒən]

"Sulforaphane" whisks *carcinogens* out of cells.
"설포라페인"은 세포에서 발암 물질을 제거해 준다.

733 **militia**   명 민병, 시민군
[milíʃə]

The Second Amendment states "A well regulated *militia*..."
수정 헌법 제2조에는 '잘 훈련된 시민군은…' 이라고 쓰여 있다.

734 **diabetes**   명 당뇨병
[dàiəbíːtiːz]

More and more people have developed *diabetes*.
당뇨병 환자가 점점 증가하고 있다.

735 **muggy**   동 찌는 듯 덥다
[mΛgi]

It's always *muggy* here in the summer.
이 곳은 여름이 되면 찌는 듯 덥다.

736 slant
[slænt]
동 기울다, 경사지다

The old shack *slants* a bit.
그 낡은 판잣집은 조금 기울어져 있다.

737 carbohydrate
[kà:rbouháidreit]
명 탄수화물

You should eat more low-*carbohydrate* food.
당신은 탄수화물이 적은 식품을 먹는 편이 좋다.

738 poll
[poul]
명 여론 조사

What does the Gallup *poll* report about it?
그것에 관해 갤럽 여론 조사에서는 어떻게 보고하고 있습니까?

739 mug
[mʌg]
동 습격하다

Mary was *mugged* and her wallet and passport were stolen.
메리는 강도에게 습격을 당해 지갑과 여권을 잃어버렸다.

740 inaugural
[inɔ́:gjərəl]
형 취임의

What did you think of President Clinton's *inaugural* address?
당신은 클린턴 대통령의 취임 연설을 어떻게 생각합니까?

741 caucus
[kɔ́:kəs]
명 당원 집회

There will be a *caucus* around this time tomorrow.
내일 이맘때 쯤 당원 집회가 개최된다.

742 faction
[fǽkʃən]
명 파벌

His ambition is to become the *faction* leader.
그의 야망은 그 파벌의 지도자가 되는 것이다.

743 expenditure 뗑 지출, 경비
[ikspénditʃər]

Japan's defense *expenditure* is almost nothing.
일본의 방위비는 거의 없는 것과 같다.

744 chromosome 뗑 염색체
[króuməsòum]

Something was wrong with one of his *chromosomes*.
그의 염색체 중 하나에 약간의 이상이 있었다.

745 ultraviolet 뗑 자외선의
[ʌ̀ltrəváiəlit]

Too much exposure to *ultraviolet* light can cause skin cancer.
자외선에 과도하게 노출되면 피부암에 걸릴 위험이 있다.

746 intrinsic 뗑 본질적인, 고유의
[intrínsik]

Few people could appreciate the *intrinsic* value of the oil painting.
그 유화의 본질적인 가치를 아는 사람은 거의 없었다.

747 chronic 뗑 만성의
[kránik]

Is your nasal catarrh *chronic*?
당신이 앓고 있는 비염은 만성입니까?

748 mentor 뗑 스승, 선생님
[méntɔːr]

Being my *mentor*, he is very strict but kind as well.
스승으로서 그는 아주 엄하면서도 부드러운 사람이다.

749 deport 뗑 추방하다
[dipɔ́ːrt]

They *deported* the drug traffickers from their country.
그들은 마약 밀수꾼을 국외로 추방했다.

750 revenue
[révənjùː]
⑲ 세입, 총수입

Taxes make up a large part of the *revenue*.
세금은 세입의 큰 부분을 차지한다.

751 smallpox
[smɔ́ːlpàks]
⑲ 천연두

Smallpox is a rare occurrence in the 1990s.
1990년대에 천연두는 아주 드물게 발생하는 병이다.

752 Old Glory
[ould glɔ́ːri]
⑲ 성조기, 미국 국기

As a rule, Americans like *Old Glory*.
일반적으로 미국인들은 성조기를 좋아한다.

753 payroll
[péiròul]
⑲ 종업원 수

The firm has some 5,000 people on its *payroll*.
그 회사에는 약 5천명의 종업원이 있다.

754 clergyman
[klə́ːrdʒimən]
⑲ 목사, 성직자

He was a *clergyman* for some ten years.
그는 약 10년 동안 목사 일을 했다.

755 suffocate
[sʌ́fəkèit]
⑧ 질식사시키다

Police suspect that the boy *suffocated* the elderly woman.
경찰은 그 소년이 그 노부인을 교살했다고 의심하고 있다.

756 barring
[báːriŋ]
⑳ ~이 없으면, ~을 제외하고는

Barring cheese, I ate everything in the taco salad.
치즈를 제거한 후에 타코스를 전부 다 먹었다.

757 gullible 형 잘 속는
[gʌ́ləbl]

Milly was so *gullible* that she believed everything in the story.
밀리는 잘 속기 때문에 그 이야기를 전부 믿었다.

758 therapeutic 형 치유 효과가 있는, 치료의
[θèrəpjúːtik]

The hot spring is said to be *therapeutic* for rheumatism.
그 온천은 류머티즘에 치료 효과가 있다고 알려져 있다.

759 compound 동 조합하다, 혼합하다
[kámpaund]

The chemist was *compounding* some chemicals.
그 화학자는 여러 종류의 화학 약품을 조합했다.

760 mutation 명 돌연변이, 변화
[mjuːtéiʃn]

Mutations usually occur arbitrarily and spontaneously.
돌연변이는 보통 임의적이고도 자연발생적으로 일어난다.

761 condolence 명 애도, 조사(弔詞), 조위(弔慰)
[kəndóuləns]

I sent a letter of *condolence* to his family.
나는 그 가족에게 애도의 글을 보냈다.

762 stalk 동 가만히 뒤를 밟다
[stɔːk]

The molester *stalked* her without being noticed.
치한은 가만히 그녀의 뒤를 따라갔다.

763 countenance 명 표정, 생김새
[káuntənəns]

A glance of his *countenance* convinced me of his innocence.
그의 표정만 언뜻 보고도 나는 그의 무죄를 확신했다.

764 hustle
[hΛsl]
⑱ 소동, 일, 활기

The *hustle* and bustle of the city appealed to her.
도시의 활기는 그녀를 매료시켰다.

765 concerted
[kənsə́ːrtid]
⑱ 공동의, 협정에 의한

We have agreed to make a *concerted* effort to launch the project.
우리는 그 프로젝트를 시작하는 데 있어 일치단결하기로 합의했다.

766 lobby
[lάbi]
⑤ 압력을 가하다, 로비 활동을 하다

The women's group continued to *lobby* for abortion on demand.
그 여성 단체는 낙태 옹호를 요구하며 로비 활동을 지속했다.

767 impoverished
[impΛ́vəriʃt]
⑱ 가난에 빠진

Thailand is an *impoverished* country.
타이는 가난한 국가이다.

768 constipation
[kάnstəpéiʃən]
⑱ 변비

Greg is having a hard time with obstinate *constipation*.
그렉은 심한 변비로 고생하고 있다.

769 exquisite
[ékskwizit]
⑱ 최고의, 더없이 훌륭한

In the middle of all the weeds stood an *exquisite* red rose.
잡초 한가운데, 더없이 아름다운 붉은 장미 한 송이가 피어 있었다.

770 congenial
[kəndʒíːnjəl]
⑱ 마음이 맞는, 같은 성질의

Kenneth is not *congenial* to me.
케니스는 나와 마음이 맞지 않는다.

771 deduction
[didʌ́kʃən]
명 추론, 공제, 연역법

We made some *deductions* from our experiments.
우리는 실험에서 몇 가지 추론을 끌어내었다.

772 conspiracy
[kənspírəsi]
명 음모, 공모

They laid a *conspiracy* against the president's life.
그들은 대통령 암살 음모를 계획했다.

773 hibernate
[háibərnèit]
동 동면하다, 겨울잠을 자다

The bear will *hibernate* in the big cave until spring.
그 곰은 봄까지 큰 동굴 안에서 동면한다.

774 unilateral
[jùːnəlǽtərəl]
형 일방적인, 한편만의

A *unilateral* withdrawal seems impossible at the moment.
현재 시점에서 일방적인 철수는 불가능하다고 생각한다.

775 hypertension
[hàipərténʃən]
명 고혈압

Fat people are liable to suffer from *hypertension*.
뚱뚱한 사람일수록 고혈압이 되기 쉽다.

776 indigenous
[indídʒənəs]
형 고유의, 토착의

The loon, a lake bird, is *indigenous* to Minnesota.
호수에 생식하는 아비새는 미네소타 주 고유의 새이다.

777 congenital
[kəndʒénitɑl]
형 선천적인

Jerry had a *congenital* heart disease.
제리는 선천적인 심장병을 갖고 있다.

778 inmate
[ínmèit]
⑲ 수감자

The *inmate* was ironically treated like a king.
그 수감자는 아이러니하게도 왕 같은 대우를 받았다.

779 coronary
[kɔ́(:)rənèri]
⑲ 관상동맥의

It was an operation on his *coronary* arteries.
그는 관상동맥과 관련된 수술을 했다.

780 jurisdiction
[dʒùərisdíkʃən]
⑲ 관할권, 사법권

Jurisdiction on this matter was left to the principal.
이 사건에 관한 관할권은 교장에게 있었다.

781 itinerary
[aitínərèri]
⑲ 여행 일정

He had a hectic *itinerary* while he was in Hong Kong.
홍콩에 체류할 당시, 그의 여행 일정은 대단히 빡빡했다.

782 sludge
[slʌdʒ]
⑲ 침전물, 진흙

Sludge remains on the bottom of the river.
침전물은 강바닥에 쌓여 있다.

783 cordon
[kɔ́:rdən]
⑲ 비상 경계선

The raging radicals broke through the *cordon*.
흥분한 과격파는 비상 경계선을 파괴했다.

784 jerk
[dʒəːrk]
⑧ 덜커덩 흔들리면서 나아가다

The train *jerked* forward slowly.
그 열차는 덜커덩거리며 천천히 나아갔다.

785 sluggish 〔slʌ́giʃ〕 ⑱ 나태한, 활발하지 못한, 부진한

E.-Coli O-157 triggered *sluggish* sales of food products.
병원성 대장균 O-157 때문에 식품 매출이 부진했다.

786 reservoir 〔rézərvwɑ̀ːr〕 ⑲ 저수지

There is a big *reservoir* in Colorado.
콜로라도 주에는 큰 저수지가 있다.

787 coup d'etat 〔kùː deitɑ́ː〕 ⑲ 쿠데타

The *coup d'etat* was carried out by the military.
그 쿠데타는 군이 일으켰다.

788 integral 〔íntəgrəl〕 ⑱ 중요한, 완전한

Studying is an *integral* part of college life.
공부는 대학 생활에서 가장 중요한 부분이다.

789 pant 〔pænt〕 ⑧ 헐떡거리다, 숨차다, 갈망하다

The thirsty deer *panted* for water from the stream.
목이 마른 사슴은 시냇물을 갈망하고 있었다.

790 cramped 〔kræmpt〕 ⑱ 비좁은, 갑갑한

From your standpoint, is Japan a *cramped* society?
당신의 관점에서 봤을 때, 일본은 갑갑한 사회입니까?

791 paralyze 〔pǽrəlàiz〕 ⑧ 마비시키다

James Brady became *paralyzed* from the waist down.
제임스 브레디 씨는 하반신 불구가 되었다.

◪ 792 subsidiary
[səbsídièri]

몡 자회사

The big company has many *subsidiaries* and affiliates.
그 회사에는 수많은 자회사와 관련 기업이 있다.

◪ 793 per capita
[pər kǽpitə]

혱 1인당

The *per capita* income of Korean has not increased much.
한국인 1인당 수입은 그다지 증가하지 않았다.

◪ 794 contingent
[kəntíndʒənt]

혱 ~나름으로의, ~에 부수하는

Our hike tomorrow is *contingent* on weather.
내일 우리가 등산을 갈지 어떨지는 날씨에 달려 있다.

◪ 795 retarded
[ritá:rdid]

혱 (정서, 지능, 학력 등이) 뒤처진

The child was found *retarded* at birth.
그 아이는 천성적으로 지진아라는 사실을 알았다.

◪ 796 waver
[wéivər]

됭 동요하다, 주저하다

She *wavered* in her decision to work full-time.
그녀는 정규직으로 일해야 할지 망설였다.

◪ 797 vandalism
[vǽndəlizəm]

몡 파괴 행위

The boy pleased guilty to *vandalism* in Singapore.
그 소년은 싱가포르에서 기물을 파손한 죄를 인정했다.

◪ 798 dividend
[dívidènd]

몡 배당(금)

I'm expecting a lot of *dividends* to be delivered from my stocks.
나는 상당한 주식 배당금을 기대하고 있다.

799 equity
[ékwəti]
명 공정, 공평, 주식

For the sake of *equity*, we should invite everyone.
공평을 기하기 위해서는 모든 사람을 초대해야 한다.

800 fling
[fliŋ]
동 세차게 던지다, 내던지다, 퍼붓다

Do you know how to *fling* a boomerang?
부메랑 던지는 법을 압니까?

801 portfolio
[pɔːrtfóuliòu]
명 유가증권 일람표, 장관직

His *portfolio* was composed of stocks and mutual funds.
그의 유가증권 일람표는 주식과 뮤추얼 펀드로 되어 있다.

802 extravagant
[ikstrǽvəgənt]
형 낭비하는, 터무니없이 비싼

Laura is *extravagant* with clothes.
로라는 옷에 돈을 너무 많이 쓴다.

803 streak
[striːk]
명 줄, 연속, 번개

A *streak* of lightning came through the window.
번갯불이 방 안으로 들어왔다.

804 epicenter
[épisèntər]
명 진원지

The quake's *epicenter* was estimated beneath the Island.
지진의 진원지는 그 섬의 지하로 추정되었다.

805 prime time
[praim taim]
형 황금 시간대의

What is your favorite *prime time* TV show?
당신이 가장 좋아하는 황금 시간대의 TV 프로그램은 무엇입니까?

806 ordinance
[ɔ́:rdənəns]
명 조례

A city *ordinance* about dogs was posted.
개에 관한 시의 조례가 공시되었다.

807 equivalent
[ikwívələnt]
형 상응하는, 동등한

One dollar is *equivalent* to about 1,200 won.
1달러는 약 1,200원 정도다.

808 proofread
[prú:frì:d]
동 교정하다

No one has *proofread* the article as yet.
아직 아무도 이 기사를 교정하지 않았다.

809 tuberculosis
[tju(:)bə̀:rkjəlóusis]
명 결핵

Researchers finally found a cure for *tuberculosis*.
연구원들은 마침내 결핵의 치료법을 알아냈다.

810 ulcer
[ʌ́lsər]
명 궤양

My boss has a stomach *ulcer*.
내 상사는 위궤양을 앓고 있다.

811 tremor
[trémər]
명 미진, 진동

Tremors hit San Francisco every now and then.
샌프란시스코에서는 가끔씩 미진이 느껴진다.

812 installment
[instɔ́:lmənt]
명 1회분

This is the second *installment* of the TV flower arranging series.
이것은 텔레비전 꽃꽂이 시리즈의 2회분이다.

813 slate
[sleit]
⑧ 예정하다, 계획하다

The baseball tournament is *slated* for August.
그 야구 선수권 대회는 8월에 예정되어 있다.

814 joint venture
[dʒɔint véntʃər]
⑲ 합작 회사(사업)

This new business is a *joint venture* of those two companies.
이 새로운 사업은 두 기업에 의한 합작이다.

815 insolvent
[insálvənt]
⑱ 파산한

The *insolvent* gas station was turned into a Chinese restaurant.
파산한 주유소는 중국 음식점이 되었다.

816 kin
[kin]
⑲ 친척, 혈족 관계

Who is the nearest of *kin* to the deceased man?
고인과 가장 가까운 친척은 누구입니까?

817 upheaval
[ʌphíːvəl]
⑲ 변동, 동란

There has been a big *upheaval* about smoking indoors.
실내에서의 흡연에 대한 대변혁이 일어나고 있다.

818 seismology
[saizmálədʒi]
⑲ 지진학

Seismology may be helpful but it cannot prevent earthquakes.
지진학이 도움이 될지는 모르겠지만 지진을 예방할 수는 없다.

819 juvenile delinquency
[dʒúːvənàil dilíŋkwənsi]
⑲ 청소년 범죄

Juvenile delinquency in Singapore is reported almost nil.
싱가포르의 청소년 범죄 발생 건수는 거의 없다고 보도되고 있다.

820 segment   명 부분
[ségmənt]

A *segment* of the movie had explicit language.
그 영화 일부에서 성을 묘사하는 단어가 사용되었다.

821 leukemia   명 백혈병
[lju(:)kí:miə]

Joe died of *leukemia* when he was only seven years old.
조는 불과 7살 때, 백혈병으로 세상을 떠났다.

822 momentum   명 힘, 추진력, 타성
[mouméntəm]

The movement has gathered *momentum* in the U.S.
미국에서는 그 운동이 세력을 더해가고 있다.

823 leap year   명 윤년
[li:p jiər]

This happens to be a *leap year*.
올해는 공교롭게도 윤년이다.

824 senate   명 상원
[sénit]

My cousin is going to run for the *Senate*.
내 사촌은 상원의원에 입후보하려고 한다.

825 legislation   명 법률, 입법
[lèdʒisléiʃən]

Legislation prohibits smoking on all domestic flights in the U.S.
법률에 따라 미국의 국내선 비행기는 모두 금연이다.

826 mortgage   명 저당
[mɔ́:rgidʒ]

The *mortgage* on this house is for 30 years.
이 집은 30년 동안 저당 잡혀 있다.

827 retrospect 　　　 ⑲ 회상, 추억
[rétrəspèkt]

In *retrospect*, I feel that I made a wise choice.
이제 와서 돌아보니 내가 현명한 선택을 했다고 생각한다.

828 plateau 　　　 ⑲ 고원 상태, 높고 평평한 땅
[plætóu]

Sales of air-conditioners have been at a *plateau*.
에어컨의 매출은 정체 상태이다.

829 sabotage 　　　 ⑧ 파괴하다, 방해하다
[sǽbətɑ̀ːʒ]

The Indians *sabotaged* the bridge in the colony.
인디언은 그 식민지의 다리를 파괴했다.

830 prestige 　　　 ⑲ 명성, 위신
[prestíːdʒ]

The man tried to gain *prestige* by joining the country club.
그 남자는 그 컨트리 클럽에 입회함으로써 자신의 명성을 높이고자 했다.

831 spite 　　　 ⑲ 악의
[spait]

The bitter woman is full of *spite*.
그 냉혹한 여성은 악의로 가득 차 있었다.

832 platform 　　　 ⑲ 강령
[plǽtfɔːrm]

What kind of *platform* did Ross Perot run on?
로스 페롯은 어떤 강령을 제정했습니까?

833 traumatic 　　　 ⑱ 정신적인 충격의
[trɔːmǽtik]

It was very *traumatic* for Cosby when his son was killed.
코스비는 아들이 살해되자 큰 정신적 충격을 받았다.

126

834 **ward** [wɔ:rd]
영 구, 병동

Seoul's Myungdong *Ward* always attracts many foreigners.
서울의 명동은 항상 많은 외국인을 매료시킨다.

835 **pneumonia** [nju(:)móunjə]
영 폐렴

The infant had *pneumonia* for two weeks or so.
그 아이는 2주 정도 폐렴을 앓았다.

836 **tow** [tou]
동 밧줄로 이동하다(잡아당기다)

The car was *towed* away.
그 자동차는 밧줄로 견인되었다.

837 **municipal** [mju(:)nísəpəl]
형 시영의, 시정의

I enjoy the *municipal* swimming pool in Seoul.
나는 서울시에서 운영하는 수영장을 즐겨 이용한다.

838 **polio** [póuliòu]
영 (척수성) 소아마비

Polio is a rare disease these days.
소아마비는 요즘은 드문 병이다.

839 **outlying** [áutlàiiŋ]
형 중심에서 떨어진, 외딴

The outdoor theater is located in an *outlying* town.
야외극장은 도심에서 멀리 떨어진 곳에 있다.

840 **predecessor** [prédisèsər]
영 전임자

He runs the store differently than his *predecessor*.
그는 전임자와는 다른 방법으로 그 가게를 운영하고 있다.

841 **torture** 명 고문
[tɔ́ːrtʃər]

Torture is a truly cruel act.
고문은 정말 잔혹한 행위이다.

842 **preliminary** 형 예비의
[prilímənèri]

The *preliminary* badminton match will start at 2:00.
배드민턴 예선은 2시에 시작한다.

843 **trespass** 동 불법 침입하다, 폐를 끼치다
[tréspəs]

The man *trespassed* in a prohibited area.
그 남자는 통행금지 구역에 불법 침입했다.

844 **intact** 형 손상되지 않은, 완전한
[intǽkt]

Everything in our house was *intact* despite the hurricane.
태풍이 왔지만 우리 집은 전혀 손상되지 않았다.

845 **psychiatrist** 명 정신과 의사
[saikáiətrist]

The *psychiatrist* had a comfortable couch in his office.
그 정신과 의사의 진료실에는 푹신하고 편안해 보이는 소파가 있었다.

846 **streamline** 동 합리화하다, 능률적으로 하다
[stríːmlàin]

Companies all over are trying to *streamline* as much as possible.
모든 회사는 가능한 한 합리화를 추진하려고 한다.

847 **wring** 동 쥐어짜다, 비틀다
[riŋ]

I *wrung* the water out of my towel after I used it.
나는 수건을 사용한 후에 물기를 비틀어 짰다.

제2장
TOEIC 730점을 완전 돌파하기 위한 영숙어

A 단계

730점 돌파를 위한 기초 영숙어 203

001 every now and then
가끔, 때때로

Every now and then my mom eats nacho chips.
어머니는 가끔 나초 칩을 드신다.

002 in principle
원칙적으로

I figured that his idea was the same as mine *in principle*.
그의 생각이 내 생각과 대부분 일치한다는 점을 깨달았다.

003 be badly off
생활이 쪼들리다, 가난하다

Scott *is* as *badly off* as ever.
스콧은 여전히 가난하다.

004 out of town
출장 중인, 도시를 떠나

Sam has already been *out of town* for two weeks.
샘은 벌써 2주 동안이나 출장을 가 있다.

005 give way to
~에게 지다

Her father *gave way to* her insistent persuasion.
그녀의 아버지는 그녀의 끈질긴 설득에 굴복했다.

006 be all in
땀투성이가 되다, 피로에 지치다

Susanna *was all in* after the marathon.
수잔나는 마라톤이 끝난 후 피로에 지쳐 있었다.

007 give off
~을 발하다, 내다

These flowers *give off* a nice fragrance.
이 꽃들은 좋은 냄새가 난다.

◤ *008* something of a(n)
유명하지 않은, 조금 알려진

Joe is *something of an* artist.
조는 유명하지 않은 예술가이다.

◤ *009* a handful of
한 줌의, 소수의

There were only *a handful of* people at the cinema.
그 영화관에는 소수의 사람밖에 없었다.

◤ *010* in light of
~을 고려해서, ~의 견지에서, ~로 미루어 보아

In light of your advice, I have decided to go on a diet.
당신의 조언을 바탕으로 다이어트를 하기로 결심했다.

◤ *011* but for
~가 없었다면

But for your help, I couldn't have finished it.
당신의 도움이 없었다면 나는 그것을 끝내지 못했을 것이다.

◤ *012* think of A as B
A를 B로 간주하다

I *think of* him *as* an open-minded person.
나는 그가 마음이 넓은 사람이라고 생각한다.

◤ *013* much [still] less
하물며[더욱이] ~가 아니다

I don't like English, *much less* Spanish.
나는 영어를 좋아하지 않는다, 하물며 스페인어는 말할 것도 없다.

◤ *014* be Greek to
횡설수설하다, 알아들을 수 없다

This document *is Greek to* me.
이 문서는 나로서는 도저히 이해할 수 없다.

131

015 **ten to one**
십중팔구는, 분명

Ten to one she will show up here tonight.
그녀는 분명 오늘 밤 여기에 모습을 나타낼 것이다.

016 **in proportion to**
~에 비례해서

The price changes *in proportion to* the size of it.
가격은 크기에 따라 다르다.

017 **get going**
하기 시작하다

Let's *get going*, everyone!
자, 여러분 시작합시다!

018 **take up**
시작하다

Mr. Gordon *took up* golfing just a couple of months ago.
고든 씨는 정확히 2개월 전에 골프를 하기 시작했다.

019 **come by**
우연히 손에 넣다, 지나는 길에 들리다

I wonder how she *came by* such a luxurious car.
그녀는 어떻게 그런 고급차를 손에 넣게 되었을까?

020 **account for**
비율을 차지하다, 설명하다

It *accounts for* about 40% of the total volume of production.
그것은 총 생산량의 약 40%를 차지한다.

021 **give rise to**
일으키다, 생기다

This conflict will *give rise to* many problems in due time.
이 분쟁은 머지않아 많은 문제를 낳게 될 것이다.

022 fresh out of
~이 방금 동이 나다, 갓 ~하다

He is a biology teacher *fresh out of* college.
그는 대학을 갓 졸업한 생물 선생님이다.

023 run down
(사람을) 쇠약하게 하다, 피곤하게 하다

He was getting *run down* from all the overtime work.
그는 잔업으로 인해 완전히 지쳐 있었다.

024 be far from
조금도[전혀] ~이 아니다

Mr. Peterson *is far from* a gentleman.
피터슨 씨는 전혀 신사적이지 않다.

025 sleep on
(문제를) 하룻밤 자며 생각하다

Let me *sleep on* this, will you?
이것에 관해 하루만 생각할 시간을 주지 않겠나?

026 come into
상속하다

Jeff *came into* large fortune.
제프는 막대한 재산을 상속했다.

027 be to blame
책임이 있다

I admit I *am to blame* for that.
그것은 내 책임임을 인정한다.

028 hardly [scarcely] ~ when [before]
~하자마자

They had *hardly* walked ten minutes *when* the rain began.
그들이 10분도 채 걷기 전에 비가 내렸다.

029 do away with
폐지하다

They might *do away with* uniforms at that high school.
그 고등학교에서는 교복 착용을 폐지할지도 모른다.

030 pay off
순조롭게 진행되다, 좋은 결과를 낳다

Your efforts will definitely *pay off* in the end.
당신의 노력은 분명 좋은 결과를 낳을 것이다.

031 catch on
인기를 얻다, 유행하다

The song has *caught on* among teenagers.
그 노래는 10대 사이에서 인기를 얻고 있다.

032 in terms of
~의 견지에서

In terms of quality, this must be the best suit.
품질이라는 면에서는 이것이 가장 좋은 정장임이 틀림없다.

033 be just around the corner
가까이 다가와 있다

Christmas *is just around the corner*.
이제 곧 크리스마스이다.

034 take A for B
A를 B라고 착각하다

To hear him speak English, you would *take* him *for* an American.
그가 영어로 말하는 것을 들으면 당신은 그를 미국 사람으로 착각할 것이다.

035 have class
품위 있다

The lady *has* real *class* and is attractive.
그 여성은 대단히 품위가 있고 매력적이다.

036 brag about
자랑하다, 뽐내다

The philosophy teacher tends to *brag about* his academic career.
그 철학 선생님은 자신의 학력을 자랑하는 버릇이 있다.

037 succeed to
상속하다

Philip *succeeded to* his father's enormous inheritance.
필립은 아버지의 막대한 유산을 상속했다.

038 have a ball
즐거운 한때를 보내다

I *had a ball* at the dance the other day.
나는 어제 댄스 파티에서 즐거운 한때를 보냈다.

039 as such
그러한 것[사람]으로서, 그와 같은 자격[견해]으로

He is a famous lawyer and likes to be treated *as such*.
그는 유명한 변호사이며 또한 그런 사람으로 대우받기를 좋아한다.

040 a score of
20의

They got married *a score of* years back.
그들은 20년 전에 결혼했다.

041 cannot ~ too
아무리 ~해도 지나치지 않다

We *cannot* be *too* careful in the choice of our friends.
친구를 선택할 때는 아무리 주의해도 지나치지 않다.

042 for a rainy day
만일의 사태에 대비해

You might need to save money *for a rainy day*.
당신은 만일의 사태에 대비해 돈을 저축해 둘 필요가 있다.

☑ 043 blow ~ away
놀라게 하다, 감동시키다

The special effects in the film really *blew* me *away*.
그 영화의 특수 효과에 정말 감동했다.

☑ 044 a golden opportunity
절호의 기회

It was *a golden opportunity* for missionaries in Korea.
그것은 한국에 있는 선교사로서 복음을 전도할 수 있는 절호의 기회였다.

☑ 045 be true of
~에 들어맞다, 부합하다

This example *is true of* other cases as well.
이 예는 다른 경우에도 꼭 들어맞는다.

☑ 046 in favor
~을 위해서

He testified in court *in favor* of the defendant.
그는 피고를 위해서 법정에서 증언했다.

☑ 047 go for nothing
아무 도움도 되지 않다

A dictionary like this *goes for nothing*.
이 사전은 아무런 도움도 되지 않는다.

☑ 048 for all
~에도 불구하고

For all the protests, France still tested it.
모든 항의에도 불구하고 프랑스는 그 실험을 실시했다.

☑ 049 pull a (long) face
성난 얼굴을 하다

The man *pulled a long face* when he was ignored.
그 남자는 무시를 당하자 성난 얼굴을 했다.

050 **in itself**
그 자체는

For me money is not an end *in itself*.
나로서는 돈 자체가 목적이 아니다.

051 **by means of**
~을 사용해서

He was hardly able to describe it *by means of* words.
그는 그것을 말로 거의 표현하지 못했다.

052 **go Dutch**
비용을 각자 부담하다

Do many couples *go Dutch* nowadays?
요즘은 대부분의 커플들이 비용을 각자 부담합니까?

053 **keep (good) time**
시계가 꼭 맞다, 정시를 가리키다

That clock is old but it *keeps good time*.
그 시계는 오래되었지만 시간은 정확하다.

054 **come to light**
나타나다, 드러나다

The bribery scandal *came to light* last month.
뇌물을 수뢰한 사실이 지난 달에 드러났다.

055 **shake one's head**
머리를 가로젓다

The chairman *shook his head* and said "No" bluntly.
회장은 머리를 가로저으며 딱 잘라 "안 돼"라고 말했다.

056 **a far cry**
현저한 간격, 큰 차이 ≪from≫

What he said is *a far cry* from the truth.
그의 말은 사실과 큰 차이가 있다.

☑ 057 owing to
~때문에, ~탓으로

The game was called off *owing to* the bad weather.
그 시합은 나쁜 날씨 때문에 취소되었다.

☑ 058 a world of difference
큰 차이, 하늘과 땅 차이

There is *a world of difference* between this and that.
이것과 그것은 마치 하늘과 땅만큼 차이가 있다.

☑ 059 to the point
적절한, 딱 들어맞는

When you speak, you need to get *to the point*.
말을 할 때에는 요점을 확실히 강조할 필요가 있다.

☑ 060 a pain in the neck
성가시게 하는 것[사람]

Having to clean up after the party was *a pain in the neck*.
파티가 끝난 후에 하는 정리 정돈은 성가시다.

☑ 061 kill time
하는 일 없이 시간을 보내다

I *killed time* by reading a newspaper in the coffee shop.
나는 커피숍에서 신문을 읽으며 시간을 보냈다.

☑ 062 to and fro
왔다 갔다, 전후에

The soon-to-be father paced *to and fro* in the waiting room.
이제 곧 아버지가 되는 이 남자는 대기실에서 왔다 갔다 하고 있었다.

☑ 063 bear fruit
열매를 맺다

His efforts *bore fruit* in the end.
그의 노력은 마침내 결실을 맺었다.

◢ 064 abstain from
삼가다, 그만두다, 끊다

He has *abstained from* drinking for about three months.
그는 약 3개월 동안 술을 끊었다.

◢ 065 fall on
습격하다

The major disaster *fell on* them all of a sudden.
갑자기 큰 재난이 그들을 덮쳤다.

◢ 066 if need be
필요하다면

I will baby-sit for Emily, *if need be*.
필요하다면 내가 에밀리를 봐 주겠다.

◢ 067 attend to
유의하다, 주의하다

Are you being *attended to*, sir?
손님, 무슨 일로 부르셨습니까?

◢ 068 have one's own way
제멋대로 행동하다

She always wants to *have* everything *her own way*.
그녀는 언제나 모든 일을 자신의 생각대로 하고 싶어한다.

◢ 069 all but
거의, 대부분

The project has been *all but* completed.
그 프로젝트는 거의 완성되었다.

◢ 070 nothing but
~에 불과하다, ~에 지나지 않는다

He is *nothing but* a name-dropper.
그는 여러 유명인을 알고 있는 척하는 것에 불과하다.

071 at a moment's notice
지금 곧, 즉각, 곧바로

At a moment's notice, we got the house tidied up.
우리는 곧바로 집을 청소했다.

072 bump [run] into
우연히 만나다

I *bumped into* Lisa at the post office this morning.
나는 오늘 아침에 우체국에서 우연히 리사를 만났다.

073 hold the line
(전화를 끊지 않고) 기다리다

Would you like to *hold the line* or call back later?
전화를 끊지 않고 기다리시겠습니까, 아니면 다시 한 번 전화하시겠습니까?

074 come to
의식을 회복하다

He soon *came to*, and we were all relieved.
그가 곧 의식을 되찾아서 우리는 모두 안심했다.

075 abide by
(법령, 규칙 등을) 묵묵히 따르다, 준수하다

You must *abide by* the school codes.
당신은 학교 규칙을 준수해야 한다.

076 for a change
기분 전환으로, 때로는

Shall we dine out tonight *for a change*?
기분 전환으로 오늘 밤에 외식이라도 할까요?

077 as large as life
실물 크기의

The stuffed animal was *as large as life*.
그 곰 인형은 실물 크기였다.

078 **for some reason or other**
무슨 영문인지 모르겠지만, 웬일인지, 어떤 까닭인지

I wasn't able to do it *for some reason or other*.
어떤 까닭에선지 나는 그것을 할 수 없었다.

079 **by virtue [dint] of**
~에 의해서

He succeeded in his business *by virtue of* hard work.
그는 근면함으로 자신의 사업을 성공시켰다.

080 **be dying to do**
~하고 싶은 생각이 간절하다, ~하고 싶어서 못 견디다

She *is dying to go* the movie.
그녀는 영화를 보고 싶은 생각이 간절하다.

081 **by halves**
어중간하게, 불완전하게

Don't do things *by halves*.
일을 어중간하게 해서는 안 된다.

082 **set off**
출발하다

They *set off* around 9 o'clock this morning.
그들은 오늘 아침 9시쯤 출발했다.

083 **a rain check**
초대의 연기

Can I take *a rain check* on that?
나중에 다시 초대해 주시겠습니까?

084 **keep a straight face**
(일부러) 웃지 않다, 정색을 하다

It was almost impossible for her to *keep a straight face* all along.
계속해서 웃음을 참는 일은 그녀에게는 거의 불가능했다.

085 far and wide
도처에, 널리 두루, 넓게 흩어져서

We searched for the lost dog *far and wide*.
우리는 행방불명된 개를 넓게 흩어져서 찾았다.

086 break off
파기하다

Alan *broke off* his engagement with Mary.
앨런은 메리와 한 약혼을 파기했다.

087 drive at
의도하다

I had no idea what she was *driving at*.
나는 그녀가 무슨 말을 하고 싶은지 몰랐다.

088 a white lie
악의가 없는 거짓말, 가벼운[의례적인] 거짓말

I told *a white lie* to my mother.
나는 어머니에게 악의가 없는 거짓말을 했다.

089 be sick and tired of
~에 넌더리가 나다, 질리다

I *am sick and tired of* washing the dishes all by myself.
나는 나 혼자만 설거지를 하는 데 넌더리가 났다.

090 know better than to do
~할 만큼 바보가 아니다

She *knows better than to trust* that guy.
그녀는 그 남자를 믿을 만큼 어리석지 않다.

091 for a song
아주 헐값으로, 싸구려로

Jenny bought a nice guitar *for a song*.
제니는 멋진 기타를 헐값에 샀다.

◢ 092 **build up**
증강하다, 강화하다

The country stopped *building up* its nuclear capabilities.
그 국가는 핵전력 강화를 중지했다.

◢ 093 **fall short of**
부족하다, 모자라다, 미달이다

The lecture the guest made *fell short of* my expectations.
그 게스트가 한 연설은 내 기대에 미치지 못했다.

◢ 094 **be subject to**
~에 걸리기 쉽다

His son *is subject to* catching colds.
그의 아들을 감기에 잘 걸린다.

◢ 095 **amount to**
합계하여 ~이 되다

His debts *amounts to* more than a million dollars altogether.
그의 부채는 총액이 100만 달러 이상에 달한다.

◢ 096 **pull over**
차를 길가로 붙이다

The cabby *pulled over* to the shoulder of the road right away.
그 택시 운전사는 곧바로 차를 길가로 붙였다.

◢ 097 **go a long way**
큰 도움이 되다

It will surely *go a long way* in the not too distant future.
그것은 가까운 장래에 크게 도움이 될 것이다.

◢ 098 **put away**
치우다, 먹어치우다

Tom was so hungry that he *put away* a gigantic pizza by himself.
톰은 무척 배가 고팠기 때문에 혼자서 큰 피자를 먹어치웠다.

☑ 099 **all told**
전부 더하면, 총합하여, 다해서

All told there were some 300 passengers on our flight.
우리 비행기에는 모두 다해서 300명의 승객이 타고 있었다.

☑ 100 **by and large**
전반적으로, 대체로

By and large, LL Bean's products are reasonable.
전반적으로 LL빈의 제품은 가격이 적당하다.

☑ 101 **answer for**
~의 책임을 지다

In case it flops, who will *answer for* it?
실패했을 경우에는 누가 책임을 지겠는가?

☑ 102 **be at home in**
~에 정통하다, 능통하다

He is said to *be at home in* four or five foreign languages.
그는 4, 5개국의 외국어에 능통하다고 한다.

☑ 103 **call it a day**
(오늘은) 그만두다, 단념하다

Let's *call it a day*, everyone.
오늘 일은 이쯤에서 그만합시다, 여러분.

☑ 104 **at the mercy of**
~의 처분[마음]대로

The wrecked ship was going *at the mercy of* the wind.
그 난파선은 바람이 부는 대로 떠다니고 있었다.

☑ 105 **next to**
거의, 대부분

It's *next to* impossible for us to go there now.
지금 우리가 그 곳에 가는 것은 거의 불가능하다.

106 as good as one's word
대단히 신뢰할 수 있는

Rev. Stanley is *as good as his word*.
스탠리 목사는 매우 신뢰할 수 있는 사람이다.

107 look into
주의 깊게 조사하다

The police started to *look into* the murder case.
경찰은 그 살인 사건에 대한 수사에 착수했다.

108 at one's disposal
마음대로 처분할 수 있는

My boss left the matter *at my disposal*.
상사는 이 건에 관해서 내 재량에 맡겼다.

109 let on
고자질하다, 비밀을 누설하다

Don't *let on* about this to anyone.
이 일은 아무에게도 말하지 마라.

110 subscribe to
구독하다

They are all *subscribing to* USA TODAY.
그들은 모두 USA 투데이를 구독하고 있다.

111 out of this [the] world
더할 나위 없이 훌륭한, 매우 훌륭한

The soup Debbie made was *out of the world*.
데비가 만든 스프는 정말 맛있었다.

112 be bent on
~에 열심이다

Ruth *is* now *bent on* learning Spanish.
지금 루스는 스페인 어 공부에 전념하고 있다.

113 be on the go [move, run]
매우 바쁘다, 활동적이다

Generally speaking, American college students *are on the go*.
일반적으로 미국의 대학생들은 매우 바쁘다.

114 hit on
묘안을 생각해 내다, 머리에 떠오르다

If you ever *hit on* a good idea about this, please let me know.
만약 이 건에 대해 좋은 생각이 떠오르면 나에게 말해 주시오.

115 a case in point
적절한 사례

Speaking of transcendentalists, Emerson is *a case in point*.
초월주의자에 대한 가장 적절한 사례가 에머슨이다.

116 pick up
경기가 좋아지다, 차에 태우다

No need to worry. Things will *pick up* before long.
걱정할 필요 없어. 경기는 머지않아 좋아질 테니까.

117 be in the same boat
처지[운명, 입장]를 같이하다

In a way, he and I *are in the same boat*.
어떤 의미에서는 그와 나는 같은 처지라고 할 수 있다.

118 take in
~에 가다, 속이다, 이해하다

Let's *take in* a movie after dinner, shall we?
저녁 식사 후에 영화를 보러 가지 않겠습니까?

119 stand out
눈에 띄다, 두드러지다

The player was so tall that he *stood out* in a crowd.
그 선수는 매우 키가 커서 많은 사람들 속에서도 유독 눈에 띄었다.

146

◢ 120 stand up for
두둔하다, 편들다, 지지하다

Nobody but Martin *stood up for* me then.
그 때 마틴 외에는 아무도 그의 편이 되어 주지 않았다.

◢ 121 hold over
~을 연기하다

The meeting was *held over* until next month.
그 회의는 다음 달까지 연기되었다.

◢ 122 be held up
늦다, 지각하다

Our car *was held up* in the traffic jam.
우리는 차가 막혀서 늦었다.

◢ 123 let up
정지하다, 완화하다

The rain has *let up*.
비가 그쳤다.

◢ 124 anything but
~ 이외에는 무엇이든, 조금도 ~ 않다

My income is *anything but* as large as you think it is.
내 수입은 당신이 생각하고 있는 만큼 많지 않다.

◢ 125 have room for
~할 여지가 있다

Your English composition still *has room for* improvement.
당신의 영작문은 더 발전할 여지가 있다.

◢ 126 come to grips with
맞붙다, 열심히 노력하다, 맞붙어 싸우다

Now is the time for Louise to *come to grips with* the real problem.
지금이야말로 루이스는 현실적인 문제와 정면으로 맞붙어 싸워야 할 때다.

127 from scratch
처음부터

She made mouth-watering pizzas *from scratch*.
그녀는 맛있어 보이는 피자를 처음부터 직접 만들었다.

128 among other things
특히

Charlotte loves to play tennis *among other things*.
샬롯은 특히 테니스 하기를 좋아한다.

129 cut down on
줄이다

The doctor ordered that she *cut down on* greasy foods.
의사는 그녀에게 기름진 음식을 줄이라고 명령했다.

130 come in handy
도움이 되다

This guidebook *comes in handy* for traveling overseas.
이 가이드 책은 해외 여행을 할 때 도움이 된다.

131 be fed up with
~에 싫증나다, 질리다

I'*m fed up with* her corny jokes.
나는 그녀의 진부한 농담에 질렸다.

132 be taken aback
당황하다, 갈팡질팡하다

The manager *was taken aback* by his sudden resignation.
부장은 그의 갑작스러운 퇴사에 당황했다.

133 far into the night
밤늦게까지

Yesterday they discussed the issue *far into the night*.
어제 그들은 밤늦게까지 그 문제를 논의했다.

134 a close call [shave]
위기일발

I felt as if I had had *a close call* when I almost drowned.
나는 거의 익사할 뻔했지만, 구사일생으로 살았다.

135 live within one's means
분수에 맞는 생활을 하다

It is wise for us to *live within our means*.
분수에 맞게 산다는 건 현명한 일이다.

136 see red
버럭 화를 내다

I meant it as a joke, but Linda *saw red*.
나는 농담으로 한 말에 린다는 버럭 화를 냈다.

137 be nuts about
~에 열중하고 있다

Rumor has it that guy *is nuts about* Jennifer.
소문에 의하면 그 남자는 제니퍼에게 반했다고 한다.

138 a slip of the tongue
실언, 말실수

The young wife made *a slip of the tongue*.
젊은 아내는 실언을 하고 말았다.

139 go out of one's way to do
일부러 ~하다

She *went out of her way to fix* a gourmet dinner for me.
그녀는 일부러 나를 위해 맛있는 요리를 만들어 주었다.

140 tell on
~에 잘 듣다, 즉효가 있다, 영향을 미치다

A lack of sleep is *telling on* my health.
수면 부족이 내 건강에 영향을 미치고 있다.

141 one way or the other [another]
어떻게 해서든지, 어떤 쪽이든지

Could you help me with this assignment *one way or the other*?
어떻게 해서든지 이 과제를 도와주지 않겠습니까?

142 put ~ into effect
실행하다, 발효시키다

They will *put* the regulation *into effect* next month.
그 규칙은 다음 달부터 실시된다.

143 look in on
방문하다, 잠깐 들르다

I'd like to *look in on* my aunt and cheer her up.
나는 숙모님 집을 방문해서 숙모님을 기쁘게 하고 싶다.

144 stand to reason
이치에 맞다, 당연하다

It *stands to reason* that they stamped out the rebellion.
그들이 그 반란을 진압한 것은 타당하다.

145 be at odds with
~와 다투다

They have never *been at odds with* each other thus far.
그들은 지금까지 결코 서로 반목한 적이 없었다.

146 comply with
~에 따르다

You should *comply with* all the regulation here.
이 곳에서는 모든 규칙에 따라야 한다.

147 butt in [into]
쓸데없이 말참견하다

It was very rude of him to *butt in* on our conversation.
그는 무례하게도 우리 이야기에 끼어들어 말참견했다.

148 hit the road
외출하다, 여행 가다

We'd better *hit the road* now, or we'll never be on time.
시간에 맞게 도착하려면 우리는 이제 출발해야 한다.

149 hold one's tongue
입을 다물다, 잠자코 있다

How come you *held your tongue* all the while?
왜 당신은 아무 말도 하지 않습니까?

150 in all likelihood
아마, 십중팔구

In all likelihood, it will rain tomorrow.
아마 내일 비가 내릴 것이다.

151 out of place
제자리에 놓이지 않은, 어울리지 않는

Alice felt *out of place* at such a gorgeous restaurant.
그런 호화 레스토랑에서 앨리스는 어울리지 않는 듯한 느낌이 들었다.

152 the other way around
반대로, 거꾸로

Hey, you're putting your shoes *the other way around*.
이봐, 자네 신발을 반대로 신고 있어.

153 give it one's all
최선을 다하다, 전력을 다하다

The jazz band *gave it their all* at the concert.
그 재즈 밴드는 콘서트에서 전력을 다했다.

154 have a touch of
~의 기운이 있다

He *has a touch of* a cold today.
그는 오늘 감기 기운이 있다.

155 first and foremost
맨 첫째로, 무엇보다도 먼저

First and foremost, let me begin with my self-introduction.
맨 먼저, 제 소개를 하겠습니다.

156 a backseat driver
말참견하는 사람

Don't be *a backseat driver*. I can manage it myself.
쓸데없는 참견은 그만하세요. 나 혼자 힘으로 어떻게 할 수 있으니까요.

157 speak highly of
격찬하다

The teacher *spoke highly of* his diligence.
선생님을 그의 근면성을 격찬했다.

158 on the verge [brink] of
금방 ~할 것 같은, ~하기 직전에

The man was *on the verge of* hanging himself.
그 남자는 당장이라고 목을 매려고 하고 있었다.

159 not much of a(n)
대단한 ~은 아니다

He is *not much of an* archaeologist.
그는 대단한 고고학자는 아니다.

160 make nothing of
이해할 수 없다, 문제로 삼지 않는다

I could *make nothing of* what the professor explained.
나는 그 교수가 하는 설명을 조금도 이해할 수 없었다.

161 hit the books
열심히 공부하다

Andy decided to *hit the books* after dinner.
앤디는 저녁 식사를 한 후에 열심히 공부하려고 했다.

◢ 162 lock up
잠그다

Before you go to bed, don't forget to *lock up* the house.
자기 전에 집 안의 문단속을 하는 일을 잊지 마라.

◢ 163 hang on to
매달리다, 붙잡고 늘어지다

They are still *hanging on to* their land.
그들은 지금도 여전히 자신의 땅에 매달리고 있다.

◢ 164 put up at
~에 묵다

We *put up at* the plushy hotel while we were in Guam.
괌에 있을 때 우리는 호화로운 호텔에 묵었다.

◢ 165 make a point of doing
반드시 ~하다

He *makes a point of doing* push-ups 50 times before bed.
그는 잠자리에 들기 전에 항상 팔굽혀펴기를 50회 한다.

◢ 166 stand up to
~에 용감히 대항하다, ~에 견디다

The tower *stood up* well *to* the killer earthquake.
그 타워는 강한 지진에도 꼼짝도 하지 않았다.

◢ 167 dispense with
~없이 끝내다

I can't *dispense with* your assistance.
나는 당신의 도움 없이는 할 수 없습니다.

◢ 168 prior to
~에 앞서

Prior to her departure, Joyce checked over her luggage.
출발에 앞서 조이스는 짐을 점검했다.

169 free and easy
스스럼없는, 마음 편하게, 무사태평인

Today's youth are very *free and easy*.
요즘 젊은이들은 너무 무사태평하다.

170 to the best of one's knowledge
아는[기억하는] 한에서는

To the best of my knowledge it was canceled.
내가 아는 한, 그것은 취소되었다고 한다.

171 see eye to eye
의견이 일치하다

They don't *see eye to eye* on the matter.
그들은 그 문제에 관한 의견이 일치하지 않는다.

172 sleep like a log
숙면하다

The little child was *sleeping like a log*.
그 어린아이는 깊이 잠들었다.

173 the life of the party
파티의 중심 인물, 일행 중에 가장 인기가 있는 사람

Whatever party he goes to, Tony is always *the life of the party*.
어느 파티에 가든지 토니가 가장 인기가 많다.

174 marvel at
~에 놀라다

Joyce *marveled at* her husband's boldness.
조이스는 남편의 대범함에 경탄했다.

175 take a fancy to
~을 좋아하게 되다

Dave *took a fancy to* Cindy at first sight.
데이브는 신디에게 첫눈에 반했다.

176 be on the point of doing
~하려는 찰나에

I *was on the point of going* to bed when you called me up.
네가 나에게 전화를 했을 때, 나는 막 자려고 하던 참이었다.

177 keep abreast with [of]
~에 늦지 않도록 하다

He tries to *keep abreast with* the times.
그는 시대에 뒤처지지 않으려고 노력한다.

178 on all accounts
기어코, 반드시

We must get this done today *on all accounts*.
우리는 기어코 오늘 중으로 이 일을 끝내야 한다.

179 run counter to
~에 반하다, 어긋나다

Accepting such evil deeds *runs counter to* our creed.
이런 나쁜 행동을 인정하는 일은 우리 신조에 어긋난다.

180 walk off with
가로채다, 훔치다

The thief *walked off with* all of her valuables.
도둑은 그녀의 귀중품을 모두 훔쳐서 도망갔다.

181 get up on the wrong side of the bed
기분 나쁘다

Charles must have *gotten up on the wrong side of the bed*.
찰스는 기분이 나쁜 것 같다.

182 wear out
지치게 하다, 질리게 하다

We were all *worn out* after a long day.
긴 하루가 끝나고 우린 모두 지쳐 있었다.

183 have a high opinion of
높이 평가하다

I *have a high opinion of* Bob's sales skills.
나는 밥의 판매 수완을 높이 평가하고 있다.

184 hit it off
사이 좋게 지내다, 잘 어울려 지내다 《with, together》

I had never really *hit it off* well with him.
나는 그와 잘 지낸 일이 없다.

185 work like a dog
열심히 일하다

The carpenter *worked like a dog* to build the garage.
그 목수는 차고를 만들기 위해 열심히 일했다.

186 pull off
(어려운 일을) 훌륭히 해내다, (옷을) 벗다

Irene managed to *pull off* a B on the exam.
아이린은 그 시험에서 가까스로 B를 받았다.

187 do ~ justice
공평하게 평가하다, 실물대로 나타내다

This photo doesn't *do her justice*.
이 사진은 그녀가 잘 나오지 않았다.

188 make do with
그럭저럭 끝내다

Since we didn't have any beef, we *made do with* chicken.
쇠고기가 없었기 때문에 우리는 닭고기로 대체해서 만들었다.

189 the other side of the coin
반면, 반대의 견해

The other side of the coin is that I can't afford it.
그 반면 나는 그것을 할 경제적 여유가 없다.

190 to all appearance(s)
보기에는, 어느 모로 보나

To all appearances, he didn't seem to be suffering.
어느 모로 보나 그는 괴로운 듯 보이지 않았다.

191 with a view to doing
~하기 위해서

Ed came to Japan *with a view to studying* Japanese literature.
에드는 일본 문학을 공부하기 위해 일본으로 갔다.

192 take it for granted that
당연한 일로 생각하다

Don't *take it for granted that* I'll always offer you help.
언제든 내가 도와줄 것이라고는 생각하지 마라.

193 stem from
~에서 유래하다, ~에서 생기다

I wonder where his knowledge *stems from*.
그의 지식은 어디에서 비롯된 것인지 궁금하다.

194 ring a bell
생각나게 하다

His name *rang a bell* instantly.
그의 이름을 듣고 바로 생각이 났다.

195 hit the hay [sack]
자다

It's about time that you *hit the hay*.
이제 자야 할 시간이다.

196 see to it that
~하도록 주선하다, 꼭 ~시키다

See to it that they have everything they need.
그들이 필요한 물건은 반드시 갖추도록 반드시 배려하세요.

157

197 in a person's shoes
~의 입장이 되어, ~을 대신하여

If I were *in your shoes*, I wouldn't go out with a man like Ed.
만약 내가 네 입장이었다면 에드 같은 남자와 사귀지 않을 거야.

198 with [in] reference to
~에 관해서

Do you have any questions *with reference to* this syllabus?
이 강의 개요에 관해서 무슨 질문 있습니까?

199 have it both ways
양다리를 걸치다

You sure can't *have it both ways*.
넌 절대로 양다리를 걸치지 못할 거야.

200 work off
제거하다

How can I *work off* my love handles quickly?
어떻게 하면 복부의 지방을 빨리 제거할 수 있을까요?

201 what with A and B
(보통 좋지 않은 일의 원인을 열거하는 형태로) ~다 ~다 하여

What with the drought *and* the hail, the wheat crop was nil.
가뭄이다 우박이다 하여 밀 수확은 제로였다.

202 more often than not
자주

More often than not, he indulges himself in drinking.
그는 자주 술을 마셨다.

203 talk a person into doing
~을 설득하여 ~시키다

His parents *talked him into continuing* his education.
부모님의 설득으로 그는 교육을 좀 더 받기로 했다.

158

제2장

TOEIC 730점을 완전 돌파하기 위한 영숙어

B단계

730점 돌파를 위한 중요 영숙어 203

204 work one's way
애써 나아가다 《through》

Both of those brothers *worked their way* through college.
두 명의 형제는 고학으로 대학을 나왔다.

205 yearn for
동경하다, 갈망하다

She *yearns for* an urban life.
그녀는 도시 생활을 갈망하고 있다.

206 rest assured
안심하다

You can *rest assured* that your lawyer will take good care of it.
그것은 당신의 변호사가 잘 처리할 테니까 안심하세요.

207 around the clock
24시간 꼬박의

The convenience store is open *around the clock*.
이 편의점은 24시간 영업한다.

208 to the effect that
~이라는 취지의

I received a letter *to the effect that* he passed the test.
그가 시험에 합격했다는 내용의 편지를 받았다.

209 wear off
점차로 없어지다, 닳아 없어지다

The medicine began to *wear off*.
약효가 점차 사라지기 시작했다.

210 root for
응원하다

We're all *rooting for* the Minnesota Twins.
우리 모두는 미네소타 트윈스를 응원한다.

◢ 211 shed light on
~을 비추다, 명백히 하다

His research might *shed light on* Parkinson's disease.
그의 연구로 파킨슨병의 원인을 해명할 수도 있다.

◢ 212 have a crush on
반하다, 열을 올리다

She *has a crush on* Sam.
그녀는 샘에게 반했다.

◢ 213 catch on to
이해하다

I couldn't *catch on to* what the lecture was saying.
나는 강연자가 하는 말을 이해할 수 없었다.

◢ 214 tip off
~에게 밀고하다, 제보하다

Somebody *tipped off* the police about the murderer.
누군가가 경찰에게 살인범에 관해 제보했다.

◢ 215 to one's heart's content
마음껏, 양껏

He enjoyed skiing *to his heart's content*.
그는 마음껏 스키를 즐겼다.

◢ 216 jot down
몇 자 적다

The secretary *jotted down* an important memo.
그 비서는 중요한 메모를 적었다.

◢ 217 under the weather
조금 몸이 편치 않은, 불쾌하여

Gloria has been *under the weather* lately.
글로리아는 최근 몸이 조금 불편하다.

218 sleep easy
숙면하다, 걱정하지 않다

The superintendent told me to *sleep easy* about the problems.
교육감은 나에게 그 문제에 대해 걱정하지 말라고 했다.

219 step on it [the gas]
서두르다

Step on it, otherwise we won't make it there on time.
어서 서둘러라, 그렇게 하지 않으면 우리는 제시간에 도착하지 못할 것이다.

220 what's what
사물의 이치, 진상

The pianist doesn't know *what's what*.
그 피아니스트는 사물의 이치를 모른다.

221 kick [break, knock] the [a] habit of
버릇을 고치다

He finally *kicked the habit of* smoking.
그는 겨우 담배 피는 습관을 고쳤다.

222 run in one's family
유전되다, 혈통에 있다

Acrophobia seems to *run in her family*.
고소공포증은 그녀 가족 모두에게 유전되고 있는 듯하다.

223 take off one's hat to
모자를 벗고 ~에게 인사하다, ~에게 경의를 표하다

They *took off their hats to* the Emperor.
그들은 황제에게 경의를 표했다.

224 screw [mess] up
망치다, 실패를 하다

He *screwed up* everything.
그는 모든 것을 망쳤다.

◢ 225 be no match for
상대가 되지 않다

When it comes to tennis, a novice like you *is no match for* Bill.
테니스에서 너 같은 초보자는 빌의 상대가 되지 않는다.

◢ 226 stand a person up
데이트에서 바람맞히다

Christopher *stood up* Samantha.
크리스토퍼는 사만다를 바람맞혔다.

◢ 227 the apple of a person's eye
눈에 넣어도 아프지 않은 사람

His only daughter is *the apple of his eye*.
그는 눈에 넣어도 아프지 않을 정도로 외동딸을 귀여워한다.

◢ 228 take it out on
~에게 분풀이를 하다, 보복하다

Don't *take it out on* me. It wasn't my fault.
나에게 화풀이하지 마라. 그건 내 잘못이 아니다.

◢ 229 take a breather
한숨 돌리다

You'd better *take a breather* after a long day.
긴 하루 일과도 끝났으니 한숨 돌리세요.

◢ 230 slip one's mind
깜빡 잊다

Sorry, it's just *slipped my mind*.
미안합니다, 깜빡 잊었습니다.

◢ 231 sit on
~의 자리에 오르다, ~의 일원이 되다

Mr. Larson was asked to *sit on* the PTA committee.
라슨 씨는 PTA 위원회 회원이 되어 달라는 요청을 받았다.

232 pull a person's leg
~을 놀리다, 속이다

I know he is just *pulling my leg*.
나는 그가 나를 놀리고 있을 뿐이라는 사실을 알고 있다.

233 ins and outs
모든 것, 상세한 것

He's learned the *ins and outs* of the business.
그는 그 사업에 관한 모든 것을 배웠다.

234 make allowance(s) for
정상을 참작하다, 고려하다

We should have *made allowances for* his lack of experience.
우리는 그가 경험이 부족하다는 점을 참작해야 했다.

235 on the dot [button, nose]
제시간에, 정각에

The train pulled in at 7:30 *on the dot*.
전철은 7시 30분 정각에 들어왔다.

236 the bottom line
요점, 중요한 점

The bottom line is there are no quick fix solutions for the recession.
요약하면 경기 회복을 위한 특별한 해결책은 없다는 말이다.

237 be for the birds
시시하다, 한심하다

Working overtime on Christmas *is* strictly *for the birds*.
크리스마스에 잔업을 하는 것은 정말 한심하다.

238 walk out
파업을 하다

The union members have decided to *walk out*.
조합원들은 파업하기로 결정했다.

239 sell like hot cakes
날개가 돋친 듯 팔리다

His latest whodunit has *sold like hot cakes*.
그의 신간 추리소설은 날개가 돋친 듯 팔리고 있다.

240 raise one's eyebrows
(놀람, 의심으로) 눈썹을 치켜 올리다

John *raised his eyebrows* when his girlfriend said that.
존은 그의 여자 친구가 그렇게 말했을 때 놀라서 눈썹을 치켜 올렸다.

241 not so much as do
~조차 않다

He can'*t so much as spell* his own name.
그는 자신의 이름조차 쓸 줄 모른다.

242 rule out
제외하다, 배제하다, 제거하다, 불가능하게 하다, 무시하다

We can't *rule out* the possibility of her sickness.
우리는 그녀가 병일 수도 있다는 가능성을 배제할 수 없다.

243 rip off
바가지를 씌우다

I was *ripped off* by a cabby in the Big Apple.
나는 뉴욕 시에서 택시 운전사에게 바가지를 썼다.

244 pay heed to
~에 주의하다

You had better *pay heed to* the leak in the tire.
너는 타이어가 새는지 주의하는 편이 좋다.

245 back out of
손을 떼다, 취소하다

Once you sign the lease, you can't *back out of* it.
이 임대 계약서에 일단 사인을 하면 취소할 수 없다.

246 get cold feet
겁먹다, 도망갈 자세를 취하다

The student *got cold feet* before making the speech.
그 학생은 발표를 앞두고 겁에 질렸다.

247 pull (one's) punches
(비평, 공격 등에서) 사정을 봐주다

Don't *pull* any *punches*, otherwise he won't come.
사정을 봐주면 안 돼, 그렇지 않으면 그는 오지 않을 거야.

248 be up in the air
미정의, 미해결의, 막연한

As of today, the negotiation *is* still *up in the air*.
현재로는 그 교섭은 여전히 미해결된 상태이다.

249 lag behind
~에 뒤처지다

Korea *lags* far *behind* the U.S. in the field of space science.
한국은 우주 과학 분야에서 미국에 상당히 뒤처져 있다.

250 jump the gun
출발을 서두르다, 조급히 굴다

He is prone to *jumping the gun*.
그는 조급히 구는 경향이 있다.

251 on the grounds that
~의 이유로

He quit school *on the grounds that* he needed to work.
그는 일해야 한다는 이유로 학교를 그만두었다.

252 be soaked [drenched] to the skin
흠뻑 젖다

On my way home I *got soaked to the skin* by the rain.
집에 오는 도중에 비가 내려 흠뻑 젖었다.

253 be glued to
~에 달라붙어 있다

Marvin *was glued to* the TV and watched the whole movie.
마빈은 텔레비전에 달라붙어 그 영화를 전부 봤다.

254 kick around
검토하다, 실험하다

That is an exciting idea. I'd like to *kick* it *around* some more.
그거 재미있는 생각이군. 내가 좀 더 검토해 보고 싶네.

255 off the record
기밀로, 비공개의

Please keep in mind that this is *off the record*.
이것은 비밀이라는 사실은 기억하세요.

256 fill a person in
~에게 정보를 주다

Could you *fill me in* on the latest news about the avalanche?
그 눈사태에 관한 최신 뉴스를 알려주시겠습니까?

257 once in a blue moon
아주 드물게, 거의 없는

Uncle Art calls on us *once in a blue moon*.
아트 아저씨가 우리는 찾아오시는 일은 거의 없다.

258 a baker's dozen
13개

I have *a baker's dozen* of oranges here.
여기 오렌지가 13개 있다.

259 get a kick out of
~이 썩 재미있다

Roy *got a* big *kick out of* the TV show.
로이는 그 텔레비전 프로그램이 썩 재미있다고 생각했다.

◢ 260 of one's own accord
자발적으로

The boy made his bed of *his own accord*.
그 소년은 스스로 자기 침대를 정리했다.

◢ 261 drop a person a line
몇 줄 적어 보내다

Please *drop me a line* when you have time.
시간이 나면 소식 전해 주세요.

◢ 262 in a jiffy
곧, 바로

I'll mail you the letter *in a jiffy*.
그 편지를 바로 보내겠습니다.

◢ 263 a pretty penny
많은 돈

Buying a new house costs *a pretty penny* these days.
요즘은 신축한 집을 사려면 어마어마한 돈이 든다.

◢ 264 in no time flat
곧, 바로

He will be back in the office *in no time flat*.
그는 곧 사무실로 돌아올 것이다.

◢ 265 draw up
작성하다

The old man *drew up* a will.
그 노인은 유서를 작성했다.

◢ 266 goof off
빈둥거리다, 게으름 피다

Fran *goofed off* all day today.
프랜은 오늘 하루 종일 빈둥거렸다.

267 be tied up
~에 매이다

Today Kate *is* all *tied up* with appointments.
케이트는 약속 때문에 오늘 꼼짝도 할 수 없다.

268 pull oneself together
자제심을 되찾다, 냉정을 되찾다, 침착해지다

You need to *pull yourself together* now.
당신은 지금 침착해질 필요가 있다.

269 in a row
계속해서

Steve won the lottery three times *in a row*.
스티브는 3회 연속 복권에 당첨되었다.

270 go overboard
도를 넘다, 극단으로 나가다

You *went overboard*, didn't you?
당신은 도를 넘을 정도로 심했습니다, 그렇지 않습니까?

271 be hooked on
열중해 있다, 중독되어 있다

Tom *is hooked on* jazz music.
톰은 재즈에 열중해 있다.

272 know ~ like the back of one's hand
잘 알고 있다, 정통하다

He *knows* the roads in St. Peter *like the back of his hand*.
그는 세인트 피터 시의 구석구석까지 잘 알고 있다.

273 to a T
완전히, 정확하게

The job suited him *to a T*.
그 일은 그에게 꼭 맞았다.

274 bank [count] on
의지하다, 기대다

You had better not *bank on* his advice for anything.
무슨 일에 관해서건 그의 충고를 따르지 않는 것이 좋다.

275 be versed in
~에 정통하다

He *is* well *versed in* English literature.
그는 영문학에 정통하다.

276 be averse to doing
~을 대단히 싫어하다

Vicky *is averse to mingling* with people.
비키는 사람과 교제하기를 싫어한다.

277 feel like a million dollars
최고로 기분이 좋은, 훌륭한, 멋진

Receiving the award, Paul *felt like a million dollars*.
폴은 그 상을 수상하여 최고의 기분을 맛보았다.

278 in a flash
눈 깜짝할 사이에

These past nine years have passed *in a flash*.
지난 9년은 눈 깜짝할 사이에 지나갔다.

279 play hooky
강의를 빼먹다

If you *play hooky* so often, you will flunk out in the end.
그렇게 강의를 빼먹으면 결국은 낙제하고 말 거야.

280 meet halfway
타협하다

As always, it was very difficult for me to *meet halfway* with him.
언제나 그와 타협하기란 무척 힘든 일이었다.

170

◢ 281 be carried away
~에 마음을 빼앗기다, 넋을 잃다, 무아지경이 되다

Pamela *was carried away* by the classical music.
파멜라는 그 클래식 음악에 도취되었다.

◢ 282 a better half
배우자, 반려자

George owed his success to his *better half*.
조지는 자신의 성공을 아내에게 돌렸다.

◢ 283 get the better of
~에 이기다

Nobody can *get the better of* him in a debate.
토론에서는 아무도 그를 이길 수 없다.

◢ 284 call a person names
다른 사람의 험담을 하다

He is notorious for *calling people names* behind their back.
그는 뒤에서 다른 사람을 험담하기로 유명하다.

◢ 285 be all thumbs
무디다, 도무지 손재주가 없다

He *is all thumbs*.
그는 손재주가 전혀 없다.

◢ 286 do well to do
~하는 것이 좋다[현명하다]

You *did well to decline* his invitation.
그의 초대를 거절한 것은 현명했다.

◢ 287 have yet to do
앞으로 ~해야 하다, 아직 ~하고 있지 않다

Meg *has yet to improve* clerical skills.
메그는 좀 더 사무직에 관련된 기능을 익혀야 한다.

288 go up in smoke
연기처럼 사라지다

All of Denise's dreams *went up in smoke*.
데니스의 꿈은 모두 연기처럼 사라지고 말았다.

289 and what have you
그 외에 비슷한 것

I like to eat sardines, mackerels, saury pikes, *and what have you*.
나는 정어리, 고등어, 꽁치 류의 생선을 좋아한다.

290 in the act of doing
~하려는 순간에

He was caught *in the act of shoplifting*.
그는 좀도둑질을 하는 중에 현행범으로 체포되었다.

291 go down in history
역사에 남다

This event is sure to *go down in history*.
이 사건은 분명 역사에 남을 것이다.

292 food for thought
마음의 양식

A lot in that book is *food for thought* for me.
그 책에 씌어진 많은 글들이 나에게는 마음의 양식이 된다.

293 be entitled to
자격이 있다

All of you *are entitled to* receive a bonus.
여러분 모두는 보너스를 받을 자격이 있다.

294 come out of one's shell
마음을 터놓다

John seems to have *come out of his shell*.
존은 자신의 마음을 연 듯하다.

☑ 295 after a fashion
어느 정도, 그럭저럭, 그런대로

He speaks Japanese *after a fashion*.
그는 일본어를 그럭저럭 할 수 있다.

☑ 296 come down with
병에 걸리다

Beth *came down with* a bad cold.
베스는 심한 감기에 걸렸다.

☑ 297 beat around the bush
돌려서 말하다

Stop *beating around the bush*.
돌려서 말하는 것을 그만해라.

☑ 298 at the eleventh hour
아슬아슬하게, 최후의 순간에

He changed his mind *at the eleventh hour*.
그는 마지막 순간에 마음이 바뀌었다.

☑ 299 in a nutshell
간단하게, 간략하게

The representative explained it *in a nutshell*.
대리인은 그것을 간략하게 설명했다.

☑ 300 be in the pink
아주 건강하다

My grandma *is* still *in the pink* at 95.
우리 할머니는 95세인 지금도 아주 건강하시다.

☑ 301 all walks of life
모든 계급의 사람들, 각 방면의

They warmly accepted people from *all walks of life*.
그들은 모든 사람들을 따뜻하게 받아 주었다.

302　beef up
~을 증강하다, 강화하다

We need to *beef up* our defense capability.
우리는 방위력을 증강할 필요가 있다.

303　do not have the faintest idea (of)
어림짐작도 할 수 없다

I didn'*t have the faintest idea* what she meant.
나는 그녀가 하는 말을 전혀 알 수 없었다.

304　draw on
이용하다, 활용하다

You really need to *draw on* a lot of imagination.
당신의 상상력을 충분히 활용할 필요가 있다.

305　a black sheep
말썽꾼

He was always treated as *the black sheep* of his family.
그는 항상 집안의 말썽꾼으로 취급되었다.

306　be second to none
타의 추종을 불허하다, 누구에게도 뒤지지 않다 ≪in≫

He *is second to none* in playing ping-pong.
그는 탁구에 있어서는 누구에게도 뒤지지 않는다.

307　burn one's fingers
(쓸데없이 참견하여) 혼나다

He *burnt his fingers* by cutting corners.
그는 쓸데없이 참견하여 혼이 났다.

308　cook [make] up
꾸미다, 조작하다

The story is no doubt something that he *cooked up*.
그 이야기는 분명 그가 꾸며 낸 것이다.

309 for all I know
아마 ~일지 모른다

She may be a midwife *for all I know*.
아마 그녀는 산파일 것이다.

310 come in for
~을 받다

The Surgeon General has *come in for* a great deal of censure.
미국의 공중위생국 장관은 많은 비난을 받고 있다.

311 call down
~을 꾸짖다

The mother *called down* the boy for telling a lie.
어머니는 아들이 거짓말을 했기 때문에 꾸짖었다.

312 dwell on
곰곰이 생각하다

Alice still *dwells on* that.
앨리스는 아직 그것에 대해 곰곰히 생각하고 있다.

313 keep ~ under one's hat
비밀로 해 두다

Just *keep* this matter *under your hat* for now.
이 건에 관해서는 당분간 비밀로 해 주세요.

314 be in the market for
~을 사려고 하다

My wife *is in the market* for a new couch.
아내는 새 소파를 사려고 한다.

315 be that as it may
어쨌든, 그것은 그렇다 치고, 어떻든 간에

Be that as it may, we've got to get it over with immediately.
어쨌든 우리는 그것을 빨리 정리해야 한다.

175

316 have one's hands full
몹시 바쁘다

He *has his hands full* with many things to be done.
그는 처리해야 할 일이 많아 몹시 바쁘다.

317 be at stake
위기에 처해 있다

To put it simply, his life *is at stake*.
간단하게 말하면, 그의 목숨이 걸려 있다.

318 buy out
주식을 매점하다, 인수하다

Sooner or later that company will be *bought out*.
조만간 그 회사는 인수될 것이다.

319 get the knack [grip] of
요령을 터득하다

How can I *get the knack of* this?
어떻게 해야 내가 그 요령을 터득할 수 있을까?

320 be endowed with
~을 가지고 있다

Becky *is endowed with* artistic talent.
베키는 예술적 재능을 타고났다.

321 level with
~에게 고백하다, 솔직하게 말하다

What do you say to *leveling with* her?
그녀에게 사실을 털어놓는 게 어떻겠습니까?

322 come to terms with
~에 익숙해지다, ~와 타협하다

They haven't *come to terms with* their new environment.
그들은 아직 새로운 환경에 적응하지 못했다.

◢ 323 last but not least
중요한 말을 끝으로 한 마디 해 두는 바이지만

Last but not least, I'd like to express my cordial gratitude.
중요한 말을 끝으로 한 마디 더 하자면, 진심으로 감사의 뜻을 표하고 싶습니다.

◢ 324 be equal to
~할 만큼의 역량이 있다

Do you think he *is equal to* the task?
그가 그 일을 해낼 수 있을 만큼의 능력이 있다고 생각하십니까?

◢ 325 have a good head on one's shoulders
머리가 좋은, 분별이 있는

Sylvia *has a good head on her shoulders*.
실비아는 머리가 좋다.

◢ 326 cry sour grapes
(지거나 실패한 일을 인정하지 않고) 억지를 쓰다

Linda *cried sour grapes* when she lost her job.
린다는 직장을 잃었을 때 억지를 썼다.

◢ 327 fall through
실패로 끝나다

Their plan *fell through*.
그들의 계획은 실패로 끝났다.

◢ 328 give the [a] green light
허가하다

They *gave the green light* to the gene therapy.
유전자 치료가 허가되었다.

◢ 329 have [have got] what it takes
필요한 조건을 갖추다

He's *got what it takes* to be a simultaneous interpreter.
그는 동시통역사가 될 자격을 갖추었다.

330 scratch one's back
~을 돕다

If you *scratch my back*, I'll scratch yours.
만약 당신이 나를 도와준다면 나도 당신을 돕겠다.

331 pass out
의식을 잃다

After he drank a lot, he *passed out*.
술을 많이 마신 후에 그는 의식을 잃어버렸다.

332 come clean
사실을 말하다, 실토[자백]하다

The arsonist *came clean* and admitted he had set the fire.
그 방화범은 방화한 사실을 실토했다.

333 play up to
아부하다, 아양 떨다

It's no use trying to *play up to* that serious man.
그렇게 진지한 사람에게는 아부를 해도 소용없다.

334 be packed like sardines
빽빽하게 들어차서, 콩나물시루같이

On the subway this morning we *were packed like sardines*.
오늘 아침에 내가 탄 지하철은 콩나물시루 같은 상태였다.

335 blow one's top
노발대발하다

When my friend wrecked my car, I *blew my top*.
내 차를 친구가 망가뜨려서 나는 화가 나서 길길이 날뛰었다.

336 a drop in the bucket [ocean]
바다의 물 한 방울, 창해일속(滄海一粟)

The donation was only *a drop in the bucket*.
그 헌금은 창해일속에 지나지 않았다.

◢ 337 come near [close] to doing
거의 ~할 뻔하다

He *came near to being* hit by a dump truck.
그는 하마터면 덤프 트럭에 치일 뻔했다.

◢ 338 go places
출세하다

He is always thinking about *going places* in life.
그는 항상 출세만 생각한다.

◢ 339 under the table
불법적인 방법으로

The politician received the money *under the table*.
그 정치가는 불법적인 방법으로 돈을 받았다.

◢ 340 boil down to
결국 ~으로 되다

It all *boils down to* the fact that she doesn't want to go.
결국 실제로 그녀는 가고 싶지 않다는 결론이 된다.

◢ 341 have a way with
~을 잘 다루다, 영향력이 있다

You sure *have a way with* words, don't you?
당신은 정말 말을 잘하는군요, 그렇지 않나요?

◢ 342 a lump in one's throat
(감동하여) 목이 메다, 가슴이 뭉클해지다

After I heard her tragic story, I felt *a lump in my throat*.
그녀의 비참한 이야기를 듣고 나는 목이 메었다.

◢ 343 against one's [the] grain
성미에 맞지 않게, 못마땅하여

For Catherine, debating with them went *against her grain*.
캐서린은 그들과 하는 토론이 그녀의 성미에 맞지 않았다.

344 other things being equal
다른 조건이 같다면

Other things being equal, I would definitely choose this one.
다른 조건이 같다면 나는 반드시 이것을 고르겠습니다.

345 be wet behind the ears
미숙하다

He's still *wet behind the ears* as an anchorman.
그는 뉴스 진행자로서는 아직 미숙하다.

346 make head(s) or tail(s) of
~을 이해하다

I couldn't *make heads or tails of* his lecture.
나는 그의 강의가 전혀 이해되지 않았다.

347 brush aside
(문제 등을) 무시하다

The group's petition was simply *brushed aside*.
그 단체의 청원은 간단히 무시되었다.

348 let [blow] off steam
울분을 토하다, 화를 발산시키다

He *let off steam* by jogging.
그는 조깅으로 화를 발산했다.

349 have the blues
우울하다

Almost everyday, he says he *has the blues*.
거의 매일 그는 우울하다고 말한다.

350 hold good
유효하다

His promises just don't *hold good*.
그의 약속은 정말 믿을 수 없다.

351 set foot in
발을 들여놓다, 들르다, 들어가다

I will never *set foot in* that barber shop again.
그런 이발소에는 두 번 다시 가지 않겠다.

352 have a narrow escape
구사일생으로

I felt as if I *had a narrow escape* then.
나는 그 때 구사일생으로 살아난 듯한 기분이 들었다.

353 rack one's brains
머리를 짜내다

He *racked his brains* to solve the problem.
그는 그 문제를 해결하기 위해 지혜를 짜냈다.

354 be back to square one
원점으로 되돌아오다

Because of the colossal blunder, he *is back to square* one.
큰 실수를 저질렀기 때문에 그는 원점 상태로 되돌아왔다.

355 be in the doldrums
정체되어 있다, 침울해 있다, 침체 상태에 있다, 불황이다

In the 1980s the U.S. economy *was in the doldrums*.
1980년대에 미국 경제는 침체되어 있었다.

356 do time
복역하다

He's *doing time* for the murder he committed.
그는 살인을 저질러 현재 복역 중이다.

357 keep one's fingers crossed
행운을 빌다

I'll *keep my fingers crossed* for you, Tiffany.
티파니, 너의 행운을 빌어 줄게.

358 **have an itch to do**
~하고 싶어 못 견디다, ~하고 싶어 간질간질하다

Henry *has an itch to* live by himself.
헨리는 혼자서 살아 보고 싶어한다.

359 **come what may**
무슨 일이 있어도

Come what may, she will not give up.
무슨 일이 있어도 그녀는 단념하지 않을 것이다.

360 **resort to**
~에게 의지하다, 호소하다

He was stupid enough to *resort to* violence.
그는 어리석게도 폭력에 의지했다.

361 **bark up the wrong tree**
헛다리 짚다, 엉뚱한 사람을 추적[공격]하다

You are *barking up the wrong tree*.
당신은 헛다리 짚고 있다.

362 **by a hair's breadth**
간발의 차로

I was able to escape from injury *by a hair's breadth*.
나는 간발의 차로 부상을 면할 수 있었다.

363 **give or take**
다소의 차이는 있다고 치더라도

The ticket will cost $15, *give or take* a dollar or two.
이 표는 1~2달러의 차이는 있다고 하더라도 15달러는 할 것이다.

364 **bail out**
~을 구하다

Some measures have to be taken to *bail out* those securities firms.
그 증권 회사들을 구제하기 위해서는 어떤 조치를 강구해야 한다.

365 hit the jackpot
큰 돈을 벌다, 노다지를 캐다

Fortunately they *hit the jackpot* on the deal.
운 좋게도 그들은 그 거래에서 큰 돈을 벌었다.

366 a common denominator
공통점, 공통 사항

That is *the common denomination* of those two groups.
그것이 그 두 집단의 공통점이다.

367 speak [say] one's piece
자신의 의견을 말하다

Why don't you *speak your piece* as well?
당신의 의견도 말하는 게 어때요?

368 as fit as a fiddle
매우 건강하여, 원기 왕성하여

Although he is over 90, he looks *as fit as a fiddle*.
그는 90세가 넘었지만 아주 건강한 것 같다.

369 make something of oneself
입신양명하다, 성공하다

His dream is to *make something of himself* as a doctor.
그의 꿈은 의사로서 성공하는 것이다.

370 pass the buck to
~에게 책임을 전가하다

It was unmanly of him to *pass the buck to me*.
그는 비겁하게도 나에게 책임을 떠넘겼다.

371 come to think of it
이제 생각해 보니, 생각컨대

Come to think of it, I haven't seen Ted for ages.
이제 생각해 보니, 나는 데드를 오랫동안 만나지 못했다.

372 have no (other) choice but to do
~하는 것 외에 다른 방법이 없다

They *had no other choice but to* wait and see.
그들은 일의 진행 상황을 그저 지켜볼 수밖에 없었다.

373 a feather in one's hat [cap]
훌륭한 업적[공적], 자랑거리

It'll surely be *a feather in your hat*.
그것은 분명 당신에게 큰 공적이 될 것이다.

374 hold one's horses
서두르지 않다

Hey, *hold your horses*!
어이, 허둥대지 말라고!

375 make (both) ends meet
수입과 지출의 균형을 맞추다, 수입에 알맞은 생활을 하다

John is having trouble *making ends meet* these days.
존은 요즘 수입과 지출의 균형을 맞추는 데 어려움을 겪고 있다.

376 wine and dine
술과 음식으로 푸짐하게 대접하다

Mr. and Mrs. Sillavan *wined and dined* their eight guests.
실러반 부부는 손님 8명에게 술과 음식으로 푸짐하게 대접했다.

377 come from behind
역전승하다

The Yankees *came from behind* to beat the Braves 6 to 5.
양키스는 브레이브스에게 6대 5로 역전승했다.

378 a white elephant
거추장스러운 물건

That furniture is nothing but *a white elephant*.
그 가구는 거추장스러운 물건에 지나지 않는다.

◢ 379 **rake in**
돈을 크게 벌다

Danny has *raked in* money since he opened the restaurant.
대니는 레스토랑 경영을 하고 나서 큰 돈을 벌었다.

◢ 380 **as plain as day**
일목요연하게, 아주 명백하게

The fact that Jenny is a good dancer is *as plain as day*.
제니가 훌륭한 무용수임은 아주 명백한 사실이다.

◢ 381 **out of sorts**
기분이 나쁘다, 기운이 없다

Tonya is *out of sorts* today.
오늘 토냐는 기분이 나쁘다.

◢ 382 **be on cloud nine**
더할 나위 없이 행복하다, 들뜨다

The honeymooners *are on cloud nine*.
신혼 여행자들은 더할 나위 없이 행복하다.

◢ 383 **fan the flames**
불에 기름을 붓다

Don't you think that might just *fan the flames*?
그것은 불에 기름을 붓는 것과 마찬가지라고 생각하지 않습니까?

◢ 384 **break even**
수입액이 지출액과 맞먹는, 이익도 손해도 없는

I *broke even* on the deal yesterday.
어제 거래는 이익도 손해도 없었다.

◢ 385 **a snow job**
설득, 속임, 교묘한 거짓말

The swindler did *a snow job* on my mother.
그 사기꾼은 내 어머니를 속였다.

386 crack down on
~을 엄하게 다스리다[단속하다], 엄벌에 처하다

The police began to *crack down on* prostitutes downtown.
경찰은 시내의 매춘부를 엄격하게 단속하기 시작했다.

387 tear down
~을 파괴하다

They should *tear down* the old building.
그 낡은 건물은 부숴야 한다.

388 the way the ball bounces
얼마든지 일어날 수 있는 일

That's *the way the ball bounces* when one doesn't study.
공부하지 않으면 으레 그렇게 되는 거야.

389 take a dim view of
~에 찬성하지 않다

My father *takes a dim view of* my studying in the U.S.
아버지는 내가 미국에 유학 가는 것을 찬성하지 않으신다.

390 change hands
주인이 바뀌다

The body shop has *changed hands* several times in recent years.
그 차체 공장은 최근 몇 년 사이 주인이 여러 번 바뀌었다.

391 wear the pants
가정의 주도권을 쥐다

In Sylvester's home, his wife *wears the pants*.
실베스터의 집에서는 그의 아내가 가정의 주도권을 쥐고 있다.

392 think better of
고쳐 생각하다, 마음을 돌리다, 달리 보다

He *thought better of* me once I told my background.
내 경력을 이야기하자 그는 나를 다시 보았다.

◢ 393 dawn on [upon]
깨닫기 시작하다

It *dawned on* me that I really liked Germany after all.
결국 내가 왜 독일을 좋아했는지 깨닫기 시작했다.

◢ 394 strike it rich
부자가 되다, 돈을 잘 벌다

The jeweler was hoping to *strike it rich* and make a lot of sales.
보석상은 물건을 많이 팔아서 부자가 되기를 원했다.

◢ 395 burn the midnight oil
밤늦게까지 ~하다

Howard *burnt the midnight oil* for the mid-term exams.
하워드는 중간 고사 때문에 밤늦게까지 공부했다.

◢ 396 poke one's nose into
(남의 일에) 간섭하다[참견하다]

Don't *poke your nose into* my business.
내 일에 참견하지 마라.

◢ 397 embark on
~에 착수하다, 시작하다

He is considering *embarking on* a new career.
그는 새로운 일을 시작하려고 한다.

◢ 398 turn a deaf ear to
쇠귀에 경 읽기

Ben *turned a deaf ear to* my warning.
벤은 내 경고를 흘려들었다.

◢ 399 a fly in the ointment
옥의 티

The fly in the ointment is the low pay.
낮은 급료가 옥의 티이다.

400 under a person's nose
~의 바로 눈앞[면전]에서, ~이 싫어함에도 불구하고

The pen I had been looking for was right *under my nose*.
한참 찾았던 펜이 놀랍게도 내 눈앞에 있었다.

401 wipe out
~을 완전히 파괴하다

The angry mob *wiped out* the town.
화난 폭도는 그 도시를 완전히 파괴했다.

402 break the ice
좌중에서 처음으로 입을 떼다

Nancy *broke the ice* at the meeting.
그 회의에서 낸시가 처음으로 이야기를 꺼냈다.

403 tell off
~에게 설교하다 ≪for≫

Leslie was *told off* for coming late.
레슬리는 지각을 해서 혼이 났다.

404 a rule of thumb
어림으로, 경험으로, 주먹구구식으로

As *a rule of thumb*, the company will raise wages by 5%.
어림잡아 대략 그 회사는 내년에 5%의 임금 인상을 실시할 예정이다.

405 on the wagon
금주하여

He's currently *on the wagon*.
그는 현재 금주하는 중이다.

406 think twice
다시 한 번 잘 생각하다

You might as well *think twice* before buying the used stereo.
그 중고 스테레오를 사기 전에 다시 한 번 잘 생각하는 편이 좋다.

제2장
TOEIC 730점을 완전 돌파하기 위한 영숙어

TOEIC

C 단계

730점 돌파를 위한 가장 중요한 영숙어 196

407 in conjunction with
~와 함께, ~에 관련해서

The U.S. army monitored the area *in conjunction with* them.
미국 육군은 그들과 협력해서 그 지역을 감시했다.

408 the ebb and flow
성쇠

The story depicts *the ebb and flow* of life very well.
그 이야기는 인생의 흥망성쇠를 아주 잘 그려 내고 있다.

409 write off
장부에서 지우다, 탕감하다

I don't think such a skinflint as Julian will *write off* your debt.
줄리앙 같은 구두쇠가 너의 빚을 탕감해 주리라고는 생각하지 않는다.

410 safe and sound
무사히

They arrived there *safe and sound* last night.
그들은 어젯밤에 무사히 그 곳에 도착했다.

411 in the wake of
~에 이어서

A big tsunami slammed the town *in the wake of* the earthquake.
지진에 이어 해일이 그 마을을 덮쳤다.

412 have butterflies in one's stomach
가슴이 두근거리다

He *had butterflies in his stomach*.
그는 가슴이 두근거렸다.

413 get on a person's nerves
~의 신경에 거슬리다

His mere presence *gets on my nerves*.
그가 있는 것만으로도 내 신경에 거슬렸다.

◢ *414* down the road
장래에

Somewhere *down the road* we will buy a dog.
우리는 언젠가는 개를 살 생각이다.

◢ *415* skate on thin ice
미묘한 문제를 다루다, 아슬아슬한 행동을 하다

I had the feeling that I was *skating on thin ice*.
나는 얇은 얼음판 위를 걷는 듯한 기분이 들었다.

◢ *416* be in the dark
모르고 있다

He *was in the dark* about our plan.
그는 우리 계획에 관해서 아무 것도 몰랐다.

◢ *417* weather through
폭풍우(위험, 곤란 등)를 뚫고 나아가다

He managed to *weather through* the difficult time.
그는 겨우 그 어려운 시기를 이겨 낼 수 있었다.

◢ *418* once (and) for all
단호하게, 단 한 번만, 마지막으로

Once and for all, please lend me the money.
마지막으로 돈을 빌려 주세요.

◢ *419* within a stone's throw of [from]
바로 옆에

The school is *within a stone's throw of* out apartment.
그 학교는 우리 아파트 바로 옆에 있다.

◢ *420* as the crow flies
직선거리로

The town is about 10 miles from here, *as the crow flies*.
그 도시는 여기에서 직선거리로 10마일 정도 떨어져 있다.

421 through thick and thin
좋을 때나 나쁠 때나, 무슨 일이 있어도

Ira stayed with Leroy *through thick and thin*.
아이라는 좋을 때나 나쁠 때나 항상 리로이 곁에 있었다.

422 call a spade a spade
꾸미지 않고 똑바로 말하다, 사실대로 말하다

Why don't you *call a spade a spade*?
사실대로 말하는 게 어때?

423 turn over a new leaf
마음을 고쳐먹다, 생활을 일신하다

I'm very much convinced that she's *turned over a new leaf*.
나는 그녀가 심기일전했다고 확신하고 있다.

424 above board
공명정대한

All his business dealings have been *above board*.
그의 사업상 거래는 모두 떳떳했다.

425 pave the way for [to]
~의 길을 닦다[열다]

Those nations want to *pave the way for* the free trade system.
그 국가들은 자유무역체제로 가는 것을 원하고 있다.

426 off the hook
고난에서 빠져나와

I really want somebody to get me *off the hook*.
누군가가 나를 고난에서 구해 주기를 진정으로 바란다.

427 go down the drain
못쓰게 되다, 허사가 되다

After all, all his efforts *went down the drain*.
결국 그의 노력은 모두 허사가 되었다.

◢ 428 in stitches
포복절도하여

Billy had all of us *in stitches*.
빌리는 우리 모두를 포복절도하게 했다.

◢ 429 in full swing
한창, 신바람이 나서

The concert is *in full swing* now.
콘서트는 지금 절정에 달했다.

◢ 430 top off
마무리하다, 끝내다

We *topped off* our dinner with coffee and cheesecake.
우리는 저녁 식사를 커피와 치즈케이크로 마무리했다.

◢ 431 leave nothing to be desired
더할 나위 없다, 흠잡을 데가 없다

Your English composition *leaves nothing to be desired*.
너의 영어 작문은 흠잡을 데가 없다.

◢ 432 play it by ear
임기응변으로 처리하다

As for our trip, let's *play it by ear*.
우리 여행은 계획 없이 그때그때 상황에 맞게 하자.

◢ 433 wide of the mark
과녁을 벗어나서, 요령부득인

The answer Reginald gave was *wide of the mark*.
레저널드의 대답은 핵심에서 벗어났다.

◢ 434 couldn't care less about
~에 상관하지 않다

I *couldn't care less about* that kind of stuff.
그런 일에 신경 쓰지 않는다.

435 have a sweet tooth
단 것을 좋아하다, 식성이 까다롭다

She *has a sweet tooth* for chocolates.
그녀는 초콜릿을 무척 좋아한다.

436 wrong side out
안쪽을 겉으로 하여, 뒤집어서

Laura didn't notice that her T-shirt was *wrong side out*.
로라는 티셔츠를 뒤집어 입은 것을 깨닫지 못했다.

437 one's cup of tea
취미, 취향

Calligraphy is *her cup of tea*.
서예는 그녀의 취미이다.

438 under the auspices of
~의 주최로

It was held *under the auspices of* the firm.
그것은 그 회사 주최로 열렸다.

439 go to the dogs
타락하다

Jim *went to the dogs* after graduating from college.
짐은 대학을 졸업한 후에 타락해 버렸다.

440 a hard nut to crack
어려운 문제

Obviously the problem is *a hard nut to crack*.
분명 그 문제는 어려운 문제이다.

441 would give one's right arm for
(~을 할 수 있다면) 어떠한 희생도 치르겠다

She *would give her right arm for* a chance to visit Egypt.
그녀는 이집트에 가고 싶어서 견딜 수 없었다.

◤ 442 be cut out for
~에 적합하다

He *wasn't cut out for* the job.
그는 그 일에 적합하지 않았다.

◤ 443 get the ax(e) [sack]
해고되다

Mr. Brown *got the ax* again.
브라운 씨는 또다시 해고되었다.

◤ 444 ward off
~을 막다, 격퇴하다

A compound isolated from broccoli *wards off* cancer.
브로콜리에서 분리된 합성 물질은 암을 억제한다.

◤ 445 a hot potato
뜨거운 감자, 다루기 어려운 것

The issue of gun control is *a hot potato* in the U.S.
미국에서는 총기류 규제 문제가 난제가 되고 있다.

◤ 446 poke fun at
비웃다, 조롱하다

Gordon *poked fun at* me in public.
고든은 나를 사람들 앞에서 웃음거리로 만들었다.

◤ 447 cut no ice
효과가 없다

Any excuses will *cut no ice* with him.
아무리 변명해도 그에게는 효과가 없을 것이다.

◤ 448 send chills down one's spine
등골을 오싹하게 하다

Just recalling the experience *sends chills down my spine*.
그 체험을 떠올리는 것만으로도 등골이 오싹하다.

449 be keyed up
무척 긴장하다, 많이 흥분하다

He *was* all *keyed up* over the impending bar exam.
그는 사법고시를 눈앞에 두고 많이 긴장하고 있었다.

450 serve one right
~에게 마땅한 대우를 하다, 당연한 취급을 하다

It really *served him right*.
그는 그런 대우를 받아 마땅하다.

451 kick the bucket
죽다

They say the cult leader *kicked the bucket* last night.
그 이단 종교의 지도자가 어젯밤에 죽었다고 한다.

452 the [one's] (whole) bag of tricks
온갖 수단, 온갖 것

I tried in vain to use *the whole bag of tricks* to entertain the kid.
나는 그 아이를 즐겁게 하기 위해 온갖 수단을 써 보았지만 아무 소용이 없었다.

453 on the spur of the moment
충동적으로

Jessica bought a diamond ring *on the spur of the moment*.
제시카는 충동적으로 다이아 반지를 사 버렸다.

454 bread and butter
생계, 생활의 질

He earns his *bread and butter* as a pilot for Northwest Airlines.
그는 노스웨스트 항공의 파일럿을 해서 생계를 유지하고 있다.

455 stay off one's feet
쉬다

The doctor told her to *stay off her feet* for three days.
그 의사는 그녀에게 3일 정도 쉬라고 했다.

◢ 456 **eat one's words**
앞서 한 말을 취소하다

The gruff man had to *eat his words*.
무뚝뚝한 그 남자는 앞서 자신이 한 말을 취소해야 했다.

◢ 457 **know one's way around [about]**
~의 지리에 밝다, ~의 사정을 잘 알고 있다

Connie *knows her way around* Detroit.
코니는 디트로이트의 지리를 잘 안다.

◢ 458 **in so many words**
확실히

I told him *in so many words* not to bother me any more.
나는 그에게 더 이상 나를 방해하지 말라고 확실히 말해 두었다.

◢ 459 **have ~ at one's fingertips**
~에 정통하다, 자유자재로 다루다

Rick *has* all kinds of computer programs *at his fingertips*.
릭은 어떤 종류의 컴퓨터 프로그램에도 정통하다.

◢ 460 **in apple-pie order**
깔끔하게 정리되다

Mary's kitchen is always *in apple-pie order*.
메리의 부엌은 언제나 깔끔하게 정리되어 있다.

◢ 461 **for the life of one**
아무리 해도 ~않다

I cannot recall her name *for the life of me*.
나는 아무리 해도 그녀의 이름이 기억나지 않았다.

◢ 462 **have a frog in one's throat**
목이 쉬다

My daughter *has a frog in her throat* today.
오늘 딸의 목소리가 쉬어 있었다.

463 hit the nail on the head
정곡을 찌르다

Your comment really *hit the nail on the head*.
당신의 의견은 정말 핵심을 찔렀습니다.

464 the name of the game
중요한 것

In Korea, tacit communication is *the name of the game*.
한국에서는 이심전심이 중요하다.

465 get even with
~에게 복수하다

It's not wise at all to *get even with* that man.
그 남자에게 복수하는 것은 결코 현명하지 못하다.

466 sit behind the wheel
운전하다

Now, it's your turn to *sit behind the wheel*.
이제 네가 운전할 차례이다.

467 a bolt from the blue
청천벽력

His promotion was , as it were , *a bolt from the blue*.
그의 승진은 말하자면 청천벽력과도 같았다.

468 see ~ coming
~을 속이다

They might have *seen* you *coming*.
그들은 당신을 속였을지도 모른다.

469 paint the town (red)
술에 취해 야단법석하다, 대소동을 일으키다

Let's *paint the town red* because we got a raise today.
월급도 올랐으니까 오늘은 기분 좋게 마음껏 취하자.

◢ 470 grapple with
~와 맞잡고 싸우다, ~와 격투하다

Those researchers are *grappling with* the new task.
그 연구자들은 지금 새로운 과제와 씨름하고 있다.

◢ 471 have a weakness for
병적으로 좋아하다

These kids *have a weakness for* potato chips.
아이들은 감자 칩을 무척 좋아한다.

◢ 472 play possum
잠든 척하다

Warren likes to *play possum* and trick his wife.
워렌은 잠든 척하여 그의 아내를 속이는 것을 좋아한다.

◢ 473 call on A to do
A에게 ~하도록 요구하다

The demonstrators *call on* the President *to resign*.
데모대는 대통령의 사임을 요구했다.

◢ 474 hold water
도리가 맞다, 앞뒤가 맞다

As is often the case with him, his story today didn't *hold water*.
그에게는 자주 있는 일이지만 오늘 그의 이야기는 앞뒤가 맞지 않았다.

◢ 475 deal a blow
공격을 가하다

The sharp rise of the won *dealt a* heavy *blow* to many firms.
급격한 원화 상승은 많은 기업에게 큰 타격을 주었다.

◢ 476 be in the hot seat
어려움에 처하다

Michael has *been in the hot seat* lately.
마이클은 요즘 곤란한 상황에 처해 있다.

◢ 477 off the wall
이상한, 독특한

That guy is completely *off the wall*.
그 녀석은 정말 괴짜이다.

◢ 478 iron out
~을 해결하다

This is the only way that we can possibly *iron out* the problem.
이것이 아마 그 문제를 타개할 수 있는 유일한 방법일 것이다.

◢ 479 be head over heels
깊이 빠져들다

Theresa *is head over heels* in love with Paul.
테레사는 폴에게 깊이 빠져 있다.

◢ 480 have a flair for
재능이 있다

Barbara *has a flair for* dancing.
바바라는 춤에 타고난 재능이 있다.

◢ 481 buckle down
~에 전력을 기울이다 ≪to≫

I have to *buckle down* and study for the finals.
난 기말고사 공부에 전력을 기울여야 한다.

◢ 482 chip in
각기 돈을 내다

We *chipped in* to help her out.
우리는 그녀를 돕기 위해 각자 돈을 내었다.

◢ 483 have half a mind to do
~할까 생각하다, ~할 마음이 조금 있다

I *have half a mind to buy* that new dress.
나는 새 드레스를 살까 생각 중이다.

◢ 484　a shot in the arm
자극제

Kelly's success story was *a real shot in the arm* for me.
켈리의 성공담은 나에게 자극제가 되었다.

◢ 485　in the groove
최상의 상태로

He has got *in the groove* of playing the guitar.
그의 기타 연주는 궤도에 올랐다.

◢ 486　foot the bill
계산서를 지불하다 ≪for≫

Let me *foot the bill* for our dinner tonight.
오늘 저녁 식사비는 내가 내게 해 주세요.

◢ 487　hit the ceiling
격노하다

When the boss finds that you left early today, he'll *hit the ceiling*.
사장이 오늘 당신이 일찍 퇴근한 사실을 알면 크게 화를 낼 것이다.

◢ 488　bring home the bacon
성공[입상(入賞)]하다, 생활비를 벌다

My important job is to *bring home the bacon*.
나의 중요한 임무는 생활비를 버는 것이다.

◢ 489　on [at] the tip of one's tongue
말이 입 끝에서 뱅뱅 돌 뿐 생각이 안 나다

His name is right *on the tip of my tongue*.
그의 이름은 입 끝에서 뱅뱅 돌 뿐 생각이 나지 않았다.

◢ 490　put one's foot in [into] it
자기도 모르게 실언하다, 실수를 하다

You certainly *put your foot in it* there.
분명 너는 그 곳에서 실언을 했다.

491 be in the hole [red]
적자를 내다

That publishing company is said to *be deep in the hole*.
그 출판사는 많은 적자를 내고 있다고 한다.

492 give a person the runaround
변명을 하다

He is in the habit of *giving everybody the runaround*.
그는 변명을 하는 버릇이 있다.

493 be on pins and needles
매우 불안해 하다, 안달하다

There was a reason why Michelle *was on pins and needles*.
미쉘이 안절부절 못하는 데는 이유가 있었다.

494 on the level
정직하게, 신뢰할 수 있는

They are *on the level* with each other.
그들은 서로에게 정직하다

495 drive ~ into a corner
궁지에 몰아넣다

He was *driven into a corner* and lost all hope.
그는 궁지에 몰려 모든 희망을 잃었다.

496 crop up
~가 갑자기 생기다

Many complicated problems with him have *cropped up*.
그와 관련된 많은 복잡한 문제가 갑자기 생겼다.

497 have a falling out with
~와 싸움을 하다

Beth *had a* major *falling out with* her husband over a trifle matter.
베스는 대수롭지 않은 일로 남편과 크게 싸웠다.

498 for all I care
조금도 신경 쓰지 않는다

Edwin may run away from home *for all I care*.
에드윈이 집을 나가든 말든 내가 신경 쓸 일이 아니다.

499 by leaps and bounds
비약적으로

Sujin's English has improved *by leaps and bounds*.
수진의 영어 실력이 비약적으로 발전하고 있다.

500 break out in a rash
발진이 생기다

The boy *broke out in a rash* all over his body.
소년은 온몸에 발진이 생겼다.

501 make a big splash
대성공하다, 평판이 자자해지다

He *made a big splash* at the costume party.
그는 가장 무도회에서 많은 주목을 받았다.

502 at the top of one's lungs
(목청이 터지도록) 큰 소리로, 소리지르며

Suddenly the woman screamed *at the top of her lungs*.
갑자기 그녀는 큰 소리로 절규했다.

503 cross the [that] bridge when we come to it
실제로 일어난 후에 문제를 생각하다

We had better wait and *cross that bridge when we come to it*.
지금은 가만히 기다리다가 실제로 그 때가 오면 대처해야 한다.

504 few and far between
대단히 적은

World-famous musicians are *few and far between* in Japan.
일본에는 세계적으로 유명한 음악가가 거의 없다.

505 behind bars
실형을 받아

Her husband has been *behind bars* for nearly five years.
그녀의 남편은 벌써 5년이나 감옥에서 생활하고 있다.

506 have words with
~와 말다툼하다, ~와 한두 마디 나누다

Max *had words with* his wife and then later apologized.
맥스는 아내와 말다툼을 했지만 나중에 사과했다.

507 be at one's wit's end
어쩔 줄 모르다

After he lost his job, he *was at his wit's end*.
일자리를 잃고 그는 어쩔 줄 몰라 하고 있었다.

508 chew [bawl] ~ out
몹시 꾸짖다, 마구 소리 지르다

The president *chewed* him *out* for the first time.
사장은 처음으로 그를 몹시 꾸짖었다.

509 peter out
점차 소모하다

The battery has *petered out*.
전지가 점차 닳았다.

510 give a person credit for
~의 공로로 돌리다

He *gave me credit for* my faithful work.
그는 나의 충실한 근무 태도를 칭찬해 주었다.

511 delve into
~을 철저하게 조사하다

We *delved into* the issue of racial discrimination in the U.S.
우리는 미국의 인종차별문제를 파헤쳤다.

◢ 512 give ~ the benefit of the doubt
유리하게 해석해 주다

Pastor Carlton Kenney *gave* them *the benefit of the doubt*.
칼튼 케니 목사는 그들에게 유리하게 해석해 주었다.

◢ 513 have a hankering for
~을 갈망하다

I *have a hankering for* cheesecake.
나는 치즈케이크가 먹고 싶다.

◢ 514 flash through [across] one's mind
뇌리를 스치다, 번뜩이다

Robby's whole life *flashed through his mind*.
지금까지 살아온 인생 전체가 로비의 뇌리를 스쳐갔다.

◢ 515 get the upper hand
우승하다, 이기다 ≪of, over≫

The Republicans *got the upper hand* in the House.
의회에서는 공화당이 승리했다.

◢ 516 be hard up
돈이 궁하다, 결핍해 있다

In those days Rex *was hard up* for money.
당시 렉스는 돈이 몹시 궁했다.

◢ 517 get away with it
벌을 면하다

Look here. You can't *get away with it*.
이봐, 그리 간단하게 끝나지는 않을 거야.

◢ 518 catch a person red-handed
현행범으로 체포하다

The man was *caught red-handed* in our neighborhood.
그 남자는 우리 근처에서 현행범으로 체포되었다.

519 **hit the spot**
말할 나위 없다, 만족스럽다, 안성맞춤이다

This drink *hits the spot* on a day like this.
이 음료는 이런 날씨에 안성맞춤이다.

520 **be (down) in the dumps**
의기소침해 있다

Richard has *been down in the dumps* lately.
리처드는 요즘 의기소침해 있다.

521 **follow suit to**
~의 사례를 배우다

There are a lot of people who want to *follow suit to* him.
그의 사례를 배우려는 사람이 많다.

522 **conk [zonk] out**
곧 잠들어 버리다, 지쳐 버리다

Upon returning home from his business trip, he *conked out*.
출장에서 돌아오자마자 그는 지쳐서 잠들어 버렸다.

523 **be in the doghouse**
딱한 처지에 있다, 체면을 잃다, 미움을 받다

You'll *be in the doghouse* if you don't pay him back.
당신이 그에게 돈을 갚지 않으면 곤란한 처지가 될 것이다.

524 **in one's own right**
자신의 힘으로, 다른 사람에게 의존하지 않고

She became a successful actress *in her own right*.
그녀는 자신의 힘으로 성공한 여배우가 되었다.

525 **a bull in a china shop**
무신경한 사람, 횡포를 부리는 불량배

John is like *a bull in a china shop*.
존은 정말 무신경한 사람이다.

526 be up in the arms
분격하다, 반기를 들다

Rod *is* still *up in the arms* over our disagreement.
로드는 나와의 의견 충돌로 아직 화가 나 있다.

527 put one's best foot forward
가능한 한 좋은 인상을 주려고 하다

Gavin was thinking about *putting his best foot forward*.
게빈은 가능한 한 좋은 인상을 주려고 생각했다.

528 give a person the cold shoulder
냉대하다, 무시하다

I know the true reason why they all *gave you the cold shoulder*.
나는 그들이 너를 냉대하는 진짜 이유를 알고 있다.

529 get one's hands on
(필요한 것을) 손에 넣다

You can't *get your hand on* a ticket for the World Series.
월드 시리즈의 티켓을 손에 넣기란 무리이다.

530 know the ropes
일의 요령을 알고 있다, 세상일에 통달하다

He *knows the ropes* in this business very well.
그는 이 일을 하는 요령을 잘 알고 있다.

531 scoop up
크게 벌다

Is there any way that I can *scoop up* big money?
내가 큰 돈을 벌 수 있는 방법이 과연 있을까?

532 cater to
~의 요구를 들어주다

This TV cartoon *caters* greatly *to* children's tastes.
이 텔레비전 만화는 아이들의 흥미를 충족시켜 주고 있다.

◢ 533 scratch the surface
겉핥기식이다, ~의 겉만 만지다

They only *scratched the surface* of the question at issue.
그들은 그저 수박 겉핥기식으로 그 문제에 대해 논쟁할 뿐이었다.

◢ 534 carry weight
영향력이 있다 ≪with≫

His leadership doesn't *carry weight* with his peers.
그의 통솔력은 동료에게는 영향력을 주지 못한다.

◢ 535 pinch pennies
검약하다, 지출을 아까워하다

Alice always *pinched pennies* and would never splurge.
앨리스는 항상 검약하고 사치하지 않는다.

◢ 536 make a beeline for
일직선으로 ~에 가다

My son *made a beeline for* the refrigerator.
아들은 일직선으로 냉장고로 향했다.

◢ 537 have the makings of
~가 될 소질을 가지고 있다

Don *has the makings of* a first-rate journalist.
돈은 일류 저널리스트가 될 소질을 가지고 있다.

◢ 538 none other than
다름 아닌

The man was *none other than* the Secretary of State.
그 남자는 다름 아닌 미 국무부장관이었다.

◢ 539 level off
평탄한

The land prices are *leveling off* theses days.
근래 부동산 값에 변화가 거의 없다.

◢ 540 have two left feet
동작이 어설프다, 솜씨가 서투르다

Gary knows well that he *has two left feet*.
게리는 자신이 동작이 어설프다는 사실을 잘 알고 있다.

◢ 541 bend over backward(s)
열심히 하다, 최선을 다해 노력하다

He *bent over backwards* to impress the beautiful woman.
그는 그 아름다운 여성에게 좋은 인상을 주기 위해 최선을 다했다.

◢ 542 hold [stand, keep] one's ground
자기의 지반[입장, 주장]을 고수하다, 한 걸음도 물러서지 않다

The man *held his ground* and refused to take no.
그 남자는 한 걸음도 물러서지 않고, 절대 싫다고 말하지 않았다.

◢ 543 give a person leeway
여유를 주다

All you need is to *give* your children more *leeway*.
당신은 아이들에게 여가를 좀 더 주어야 한다.

◢ 544 leave no stone unturned
온갖 수단을 강구하다

The police *left no stone unturned* in searching for the child.
경찰은 그 아이를 찾기 위해 온갖 수단을 강구했다.

◢ 545 hammer out
~을 애써 생각해 내다, 해결하다

Hammering out an agreement was impossible.
의견의 일치를 보는 일은 불가능하다.

◢ 546 crack up
칭찬하다, ~라는 평판이다

His newly released CD is not as good as it is *cracked up* to be.
그의 신작 CD는 평판만큼 대단하지 않다.

547 pop the question
청혼하다

Tell me how you *popped the question* to her.
그녀에게 어떻게 청혼했는지 말해 봐.

548 duck soup
힘들지 않는 일, 편하고 유리한 일

It's *duck soup*, so give it a try.
그것은 힘들지 않는 일이니까 한번 해 보세요.

549 take ~ with a grain of salt
가감하여 듣다

I usually *take* his words *with a grain of salt*.
나는 그가 하는 이야기는 항상 가감하여 듣는다.

550 the handwriting on the wall
전조

He saw *the handwriting on the wall* that a war would break out.
그에게는 전쟁이 일어날 전조가 보였다.

551 take office
취임하다

William Jefferson Clinton *took office* as the 42nd President.
윌리엄 제퍼슨 클린턴은 42대 대통령에 취임했다.

552 lie low
몸을 숨기다, 시기를 기다리다

Princess Diana didn't *lie low*, despite the nosy reporters.
말 많은 보도진이었음에도 불구하고 다이아나는 몸을 숨기지 않았다.

553 put down A to B
A를 B의 탓으로 하다

He *puts down* his success *to* the support of his family.
그는 자신의 성공은 가족의 도움 덕분이라고 생각한다.

554 go belly up
도산하다, 파산하다

The company will *go belly up* before long.
그 회사는 머지않아 도산할 것이다.

555 bring home to a person
절실히 느끼게 하다[자각시키다]

The film *brought home to* the audience human weakness.
그 영화는 시청자들에게 인간의 연약함을 절실히 느끼게 했다.

556 measure up to
~의 기대에 부응하다

I'm afraid I can't *measure up to* your expectations.
유감스럽게도 나는 당신의 기대에 부응하지 못할 것 같습니다.

557 hit one's sore spot
아픈 곳[급소]을 찌르다

You've *hit my sore spot*.
네가 나의 급소를 찔렀구나.

558 smell a rat
의심을 품다

I somehow *smell a rat* in his story.
그의 이야기는 정말 수상하다.

559 the last resort
최후의 수단

As *the last resort*, they might use a nuclear missile.
최후의 수단으로서 그들은 핵미사일을 사용할지도 모른다.

560 fizzle out
도중에 실패하다

The planning stage of the project *fizzled out*.
그 사업 계획은 용두사미로 끝났다.

561 under house arrest
자택에 연금되어

She was *under house arrest* for nearly six years.
그녀는 6년 가까이 자택에 연금되어 있었다.

562 cash in on
~을 이용하다, ~으로 돈을 벌다

Department stores are *cashing in on* the Christmas shoppers.
백화점은 크리스마스 선물을 사려는 손님들을 교묘하게 이용하고 있다.

563 get on the stick
일을 시작하다

Get on the stick and get your homework done.
얼른 숙제를 시작해서 끝내야 한다.

564 have a soft spot
~을 사랑하다, ~에 약하다

He *has a soft spot* for babies.
그는 아기를 좋아한다.

565 write home about
특별히 이렇다 할 것이 못 되는 것, 하찮은 것

Indeed I like my new bike, but it is nothing to *write home about*.
분명 내 새로 산 자전거가 좋긴 하지만 특별한 것은 아니다.

566 make no bones about
~에 개의치 않다, ~을 예사로 하다

Melanie *makes no bones about* her husband smoking.
멜라니는 남편이 담배를 피우는 것에 개의치 않는다.

567 blow the whistle
내부 고발을 하다, 중지시키다 ≪on≫

The student *blew the whistle* on the cheating.
그 학생은 다른 사람이 커닝한 사실을 내부 고발했다.

568 one's days are numbered
여생(餘生)이 얼마 남지 않았다

The cancer *patient's days are numbered*.
그 암 환자는 여생이 얼마 남지 않았다.

569 without a hitch
거침없이, 술술, 무사히

The motorcade went off *without a hitch*.
그 자동차 쇼는 무사히 진행되었다.

570 pull (the) strings
연줄을 이용하다

He had his uncle *pull strings* to get hired by the company.
그는 회사에 입사하기 위해 삼촌의 연줄을 이용했다.

571 keep a low profile
눈에 띄지 않게 하다, 저자세를 유지하다

I always try to *keep a low profile*.
나는 항상 눈에 띄지 않도록 하고 있다.

572 taper off
서서히 쇠퇴하다, 점점 적어지다

His zest for collecting stamps has *tapered off* by degrees.
우표 수집에 대한 그의 열정은 점차 식어 갔다.

573 feather one's (own) nest
자신의 배를 불리다, 사리를 도모하다

That's how he has *feathered his nest*.
그것이 그가 사욕을 채운 방법이다.

574 rebel against
~에 대항하다, 반발하다

That juvenile *rebels against* all kinds of authority.
그 젊은이는 모든 권력에 대항하고 있다.

575 bring the house down
청중의 박수갈채를 받다

The Grammy winning singer really *brought the house down*.
그래미상을 수상한 그 가수는 박수갈채를 받았다.

576 prevail on
설득하다

He *prevailed on* his father to buy him a new video game.
그는 아버지를 설득해서 새 비디오게임을 샀다.

577 through the grapevine
다른 사람의 입을 통하여

I have learned *through the grapevine* that he is hospitalized.
나는 다른 사람을 통해 그가 입원했다는 사실을 알았다.

578 turn on one's heel(s)
홱 뒤돌아서다, 갑자기 떠나다

Curtis *turned on his heels* and ran off.
커티스는 홱 뒤돌아서서 달아났다.

579 irrespective of
~와 관계없이

She is loved by everyone *irrespective of* age and sex.
그녀는 남녀노소를 불문하고 누구에게나 사랑받는다.

580 prick up one's ears
~에 귀를 기울이다

Alison *pricked up her ears* at the gossip.
앨리슨은 그 소문에 귀를 기울였다.

581 the salt of the earth
선량한 사람, 훌륭한 사람

I admire Christina because she is *the salt of the earth*.
크리스티나는 선량한 사람이므로 나는 그녀를 높이 평가한다.

◢ 582 make the grade
성공하다, 잘 되다

Steve will certainly *make the grade* in his new job.
스티브라면 분명 새로운 사업에서도 성공할 것이다.

◢ 583 like peas in a pod
똑같이 닮은, 아주 흡사한

Marty and Paul are *like peas in a pod*.
마티와 폴은 똑같이 닮았다.

◢ 584 pay homage to
경의를 표하다, 신하의 예를 다하다

In his opening address, he *paid homage to* his predecessor.
그는 개회사에서 전임자에 대한 경의를 표했다.

◢ 585 take the fifth
묵비권을 행사하다, 증언을 거부하다

The prime suspect *took the fifth* throughout the investigation.
그 용의자는 수사하는 동안 계속 묵비권을 행사했다.

◢ 586 face the music
자진하여 책임을 지다, 당당히 비판을 받다

He had to *face the music* for what he had done.
그는 자신이 한 일에 대해 당당히 책임을 져야 했다.

◢ 587 get a handle on
조사하다, 관리하다

They tried to *get a handle on* what's wrong with the moped.
그들은 그 스쿠터 고장 원인을 조사하기로 했다.

◢ 588 zero in on
~에 초점을 맞추다

The chairman *zeroed in on* the subject of English education.
그 학과장은 영어 교육 문제에 초점을 맞추었다.

589 **out on the town**
흥청망청 놀고, 환락에 빠져

He's exhausted because he was *out on the town* yesterday.
그는 어제 흥청망청 놀았기 때문에 지금 지쳐 있다.

590 **tie the knot**
결혼하다

Jonnell and Jim *tied the knot* three years ago.
조넬과 짐은 3년 전에 결혼했다.

591 **farm out**
하청시키다

The suit company *farms out* work to local tailors.
그 신사복 업체는 지방 제단사에게 하청을 주고 있다.

592 **live out of a suitcase**
여행 가방 안에 있는 생활 용품으로 생활하다

He is so busy that he often *lives out of a suitcase*.
그는 너무 바빠서 출장 중에는 호텔 생활을 하는 경우가 많다.

593 **blaze a trail**
선구자가 되다, 개척하다

Mr. Nelson is *blazing a trail* in the field of natural cosmetics.
넬슨 씨는 천연 소재를 이용한 화장품 분야를 개척하고 있다.

594 **stake out**
확보하다, 감시하다

The parents *staked out* their seats early.
부모들은 얼른 자신의 자리를 확보했다.

595 **keep one's end up**
자신의 책임을 다하다

As a leader of the club, he is *keeping his end up*.
이 클럽의 지도자로서 그는 자신의 책임을 다하고 있다.

◢ 596 tamper with
기록을 변경하다, 매수하다

As a matter of fact, an official *tampered with* the document.
실제로는 어느 공무원이 문서를 변경한 것이다.

◢ 597 give a person the red carpet treatment
정중히 환영하다

Melanie *gave* her guests *the red carpet treatment*.
멜라니는 손님을 정중하게 대접했다.

◢ 598 live by [on] one's wits
(일정한 직업 없이) 잔재주를 부려 이럭저럭 살아가다

The artist was good at *living by his wits*.
그 예술가는 잔재주를 부려 살아가는 데 능숙했다.

◢ 599 crank out
차례로 만들어 내다

The Xerox machine *cranks out* 60 copies per minute.
그 복사기는 1분에 60장을 차례로 복사한다.

◢ 600 keep up with the Joneses
친구나 이웃에 뒤지지 않는 생활을 하다, 분수 이상의 생활을 하다

There is no need whatever to *keep up with the Joneses*.
다른 사람의 이목이 두려워서 분수 이상의 생활을 할 필요는 없다.

◢ 601 talk (up) a blue streak
숨쉴 틈도 없이 떠들다

She will surprise you because she *talks a blue streak*.
그녀는 숨쉴 틈도 없이 떠드는 사람이라서 당신을 놀라게 했을 것이다.

◢ 602 at full throttle
전속력으로

He didn't care about the speed limit, so he drove *at full throttle*.
그는 제한 속도에 신경 쓰지 않고, 전속력으로 차를 운전했다.

영단어 찾아보기

영숙어 찾아보기

C

TOEIC 730 TEN WO KANARAZU TOPPA DEKIRU EITANGO 847 TO
EIZYUKUGO 602
by Tomoyasu Miyano
Copyright ⓒ 1997 by Tomoyasu Miyano
All rights reserved.
Original Japanese edition published by KOU PUBLISHING CO., LTD.
Korean translation rights ⓒ 2004 by JEONGJIN Publishing Co.
Korean translation rights arranged with KOU PUBLISHING CO., LTD.,Tokyo
through EntersKorea Co., Ltd., Seoul, Korea

출제빈도순

TOEIC 730점 돌파를 위한 영단어 847과 영숙어 602

초판 1쇄 발행 2004년 11월 5일
     2쇄 발행 2005년 12월 10일

지은이 TOMOYASU MIYANO
발행인 박해성
발행처 정진출판사

등록일자 1989. 12. 20   등록번호 제6-95호
주소 서울특별시 성북구 석관 2동 341-48호
대표전화 (02) 969-8561
팩스 (02) 969-8592
ISBN 89-5700-025-9
홈페이지 www.jeongjinpub.co.kr

정가 7,000원